生活科・総合的な学習の時間で子どもはこんなに変わる

「思考力・判断力・表現力」「問題に適応する力」が身に付く教育実践

渡邉　彰　著
（解説：有田和正）

教育出版

はじめに

「先行き不透明な時代」と言われて久しい。世間では、「リーマンショック」に端を発した日本経済への求心力の低下、就職難、リストラ、目を覆いたくなるような凄惨な事件・事故。つい最近では、東日本大震災による日本史上まれにみる大惨事に見舞われ、罪もない多数の方々の尊い命が奪われた。この紙面をお借りし、心からご冥福と哀悼の意を表したい。

教育界も、新学力観として「生きる力」が発信され、二十年余りが経過しようとしている。その間、さまざまな改革も行われてきた。最近では、「全国学力・学習状況調査」が行われ、各県の全国的な順位や課題点が浮き彫りにされてきた。私自身は、子どもたちがとった点数や順位は、さほど気にしていない。問題は、日本の子どもたちの学力面で不足している点は何かということである。

毎年指摘されている点は、「思考力・判断力・表現力」「問題に適応する力」である。私なりの解釈を加えると、「考えたり、分類したり、こうではないかと判断したりしたことを自分なりに発信する力」や「総合的に知識を働かせ、問題の解決に当たる力」と、とらえている。

これは、私たちの小学校時代から、指摘され続けてきたことである。では、その力を公教育の中でつけていくためには、どうすべきかということになる。方法は、いろいろあってよいと思うのだが、私はこう考えている。

各教科・総合的な学習の時間・道徳・特別活動・外国語活動を、その目標の実現に向けて各々がキッチリ授業をすること。すなわち、「当たり前のことを当たり前にしていく」教師の姿勢が必要になってこよう。これは、簡単そうで難しい。特に小学校は、一人の担任で数多くの教科等の指導があるだけに……。

しかし、できない理由は言い出せばきりがない。やってみることだ。やってみる中で、必ず「これだ!」と思える実践の積み上げができていく。それに加えて、必要感を感じることもなく詰め込まれた知識は、いずれ忘れ去られていく。体験を通し、実際に為すことによって学ばせることだ。平面で物事を理解するのではなく、実際の体験を通し、物事の奥行きを感じながら得た知識は、必ず近い将来、子どもたち一人ひとりにとって生きて働く知恵となる。

そういう教育がふんだんにできるのが、生活科であり、総合的な学習の時間であると確信している。その私の提言を手助けしてくださった、たくさんの先生方がいる。やはり、人間は一人では何もできない。他人様に支えられ、一つのことが成し遂げられるものだとつくづく思っている。

本書は、東北福祉大学教授・有田和正先生のご指導のもと、教育出版の阪口建吾氏をはじめとする同社スタッフのご協力を得て、まとめることができた。厚くお礼申し上げたい。

二〇一一年四月

渡邉　彰

目　次

はじめに

1章 生活科・総合的な学習の時間ってこんなに面白い

1 面白い生活科・総合的な学習の時間 …… 2

(1) こんな子どもを育ててみたい──あるお弁当屋さん親子との出会い　2

(2) 生活科の実践から言えること　8

①　異学年同士のかかわりを広げ深める
——『一年生となかよく秋を楽しもう』の実践から　8
②　必然性のあるかかわりとは、どうあるべきか
——『お年寄りの知恵を借りて、楽しく竹の水鉄砲で遊ぼう』の実践から　11
③　植物とかかわる生活科——物言わぬ植物への愛情を育てる　17
(3)　総合的な学習の時間の実践　24
①　『ぐんぐん育てロシアヒマワリ』の実践から　24
②　『江川と大在干潟の物知り博士になろう』の実践から　33
③　『「ぞうれっしゃがやってきた」を心を込めて歌おう』の実践から　40
④　地域をどう総合的な学習に取り込むか　45
2　面白い生活科・総合的な学習を進めるために……………………51
(1)　「何が育っているか」ではない、「何を育てようとしているか」だ　51

(2) 一年生『アサガオおしゃべり隊』の実践から
——入門期の一年生の生活科(合科・関連的な取り組み) 52
(3) M子から学んだこと 68
(4) 求められる教師の柔軟性 71
① ねらいを動かす 71
② 『トムソーヤになってプールでなかよく遊ぼう』の実践から 74
③ 『みんなでなかよく竹馬ダンスを創ろう』の実践から 78
(5) 教材開発への情熱 82
(6) 「アウトロー」を大切にする 85
(7) 生活科・総合的な学習の時間の評価 88
(8) 生活科・総合的な学習の時間で言えること 94
3 自分の宝になる授業の創り方 ………… 97
(1) 経験年数のあるなしではない。問題はやる気 98

(2) 生活科・総合的な学習の時間の授業構成 104
(3) 生活科・総合的な学習の時間の指導のあり方 108
(4) 指導と評価の一体化 111

2章 今だからこそ

1 原点にもどる …… 116
(1) 新学習指導要領実施にあたり 116
(2) 「きつい・汚い・苦しい」という3Kを「構えず・肩に力を入れず・気楽に」という3Kに 120
(3) 教材を見抜く目と追究を持続させる力 126

2 今後の生活科・総合的な学習の時間で何を大切にしていくべきか……131
(1) 生活科と総合的な学習の時間の違いと、総合的な学習の時間に求められるもの 131
(2) 新しい生活科・総合的な学習の時間を進める上での留意点 134
① 新しい生活科を進める上での留意点 135
② 新しい総合的な学習の時間を進める上での留意点 138
(3) 『言語活動』をどうとらえ、結びつけていくか 145

3章 生活科・総合的な学習の時間は、これからが始まり

(1) その先生らしさが出る生活科・総合的な学習の時間を 150
(2) 評価計画、評価活動の意義 155
(3) 子どもが自主的に動く時 165

4章 次世代を担う子どもたちのために

(1) 子どもたちは何を楽しみに学校へ通うか、保護者は何を期待しているか　178
(2) 共存共栄　184
(3) 『不要論』こそ不要だ！　187

解　説（有田和正）……………………………………193

1章

生活科・総合的な学習の時間って
こんなに面白い

1 面白い生活科・総合的な学習の時間

(1) こんな子どもを育ててみたい
――あるお弁当屋さん親子との出会い

● お弁当屋さん親子との出会い

平成四年から、二一年まで「大分県小学校教育研究会・生活科・総合的な学習部会（民間教育団体）」に所属させていただいた。事務局長として、会の運営に奔走した。どの世界でもそうかもしれないが、会を陰で支える黒子役というのは、ありとあらゆる面に気をつかわなければならない。

特に、夏休み中に毎年開催している夏季中央研修会では、最大限の配慮をしてきた。その中でも特に気をつかったのが、〈お昼の弁当の手配〉である。参会者数の七割以上が女性教諭である。男性以上に、質・量への注文は多い。ある時、弁当の遅配に加え、味そのもののまずさから、会終了後のアンケートで相当数の不満が寄せられた。

次の年から、思い切って別の業者さんに変えることにした。それが、今から書くお弁当屋さんとその素敵な娘さんとの偶然な出会いの始まりとなるわけである。

次の年、気になっていたお弁当屋さんが軽のワゴン車でやってきた。しかも、七歳ぐらいのかわいらしい娘さんをたった一人連れて……である。驚いた。これで、二百人前後の弁当をどうやって売りさばくのか？　前年度は、大人二人でやってきて、「販売時に間に合わない」「つり銭が用意できていない」「弁当を手渡すのに手間取る」「味がよくない」「愛想がない」等々のクレームが寄せられたのに……。

黙って見ていると、食券購入の際は、玄関から入ってくる参会者にその女の子がわざわざ「お弁当はこちらで、食券を売っています」と案内をしている。参会者は、その愛くるしさに思わず笑顔になり、「お嬢ちゃん、いくつなの？」などと言いながら、弁当食券を購入している。

また、昼食時に弁当を取りに来る参会者数が増えてくると、お金を受け取るのはお弁当屋のご主人である父親、弁当を手渡すのは女の子と、完全な役割分担ができているし、実に手際もよい。

弁当渡しがひと段落すると、その子が私の所に笑顔で歩み寄ってきた。

「おじちゃんが、ここの一番偉い先生？」と尋ねるのである。

「一番偉くはないけどね、いちおうこの研究会の責任者なんだよ」

「へぇー、それで、かんろくがあると思った。じゃあ、来年も、弁当はうちでお願いね。はい、ご飯大盛りにしておいたからね」と、私に弁当を渡し、六〇〇円を受け取って父親のもとに帰っていった。……これには舌を巻いた。この年の弁当へのクレームはただの一件もなかった。

●工夫する女の子

さて、次の年。有田和正先生を講師としてお招きした。参会者数は、五百名をゆうに超えた。大分県の民間教育団体主催の研究会の歴史の中で、これだけの参会者数を数えたことは、かつてなかった。おそらく「追究の鬼・有田和正」のネームバリューと、先生の話の面白さ、奥深さに引かれてのことであろう。この記録はいまだに破られていない伝説となっている。

気になったのは、会場設営・運営と同様に弁当のことである。五百名にたった二人の親子で対応できるはずがない。心配で電話をかけると、「大丈夫です」と言う。様子を見ることにした。女の子は、私に「人数が多いので、一気に来られると困ります。早めに食券を買うように、場内アナウンスしてください」と言う。すると、断続的に参会者が弁当食券を買いに来始めた。

驚いたのは、弁当引き渡しの時である。参会者は、二列で長蛇の列を作っている。すると女の子は、駆け出していって、「同じグループの先生は食券をまとめてください。お弁当をまとめてお渡しします」――そう叫んだ。たちまち、六、七枚の食券が女の子のもとに集まる。と、同時に、六、七個の弁当を重ねて代表の先生に渡し始めた。

並んでいた先生方も、いたいけな女の子の姿に、自主的なお手伝いの輪が広がった。ものの十分もしないうちに、五百個の弁当がはけてしまったのである。

生きる力とは、『問題に適応できる力』である。

この子を見ていてつくづくそう思った。

弁当の片づけの時も見事なまでの片づけ方である。一人ひとりの先生方に頭をさげ、お礼を言い、「食べ残しのある弁当ガラはこちらです」と言いながら、きちんと仕分けまでしている。帰り際には、私に「来年、もっとおかずに加えてほしいとか、変えてほしいものはありますか？」と笑顔で聞いてきた。

驚いた私は、父親にその会話の内容を話し、「お父さんが指示されているのですか？」と聞いてみた。「とんでもありません。あの子はああいう子なんです。私がボンヤリしているので、気をきかせているんでしょう」と笑っていらっしゃった。

しかし、私が察するに、むろんこの子が生来もち合わせている能力もあるのだろうが、育った環境の中で日頃の体験を通して学んだことが、大きく影響をしている気がしてならない。

親の商売についての実際を日常的に見聞きする。そして、お手伝いという具体的活動・体験を通して、自然と商売をする術をものの見事に身につけていっているのではないか。

物の売り方は、さまざまである。違った場所でいろいろな客への対応の仕方を自然と身につけていったのではないだろうか。日頃の体験が、この子の生きた知恵になっている気がしてならない。

●先生方に問いたいこと

今や「学力ブーム」である。国語・算数の学力テストの点数を上げるための方途が全国各地で試行され、テストの点数を上げるためのハウツー本まで出始めた。「学校は、読み書きそろばんを教えるところだ」という観点から見れば、間違ったことではない。

ただし、公教育において各教科・総合的な学習の時間・道徳・特別活動・外国語活動がバランスよく営まれているかというとはなはだ疑問であるし、果たして学力なるものが国語と算数の点数のみで測れるものではないことは、教育関係者ならずとも誰もがわかっていることではないだろうか。

ましてや、学力以前の問題として、いじめ・不登校・校内暴力・引きこもり等々の問題が年々増加傾向にあり、目の前の問題に適応できない子どもたちが増え続けていることも事実である。また、それらの問題に適応できず、心を病む現役教師や保護者が増え続けていることも、悲しいかな現実である。

だから、「生活科や総合的な学習に力を入れろ」と言っているのではない。バランス感覚の優れた子どもは、バランスのよい教育の中でこそ育てられていくというのが、私の持論であり、それに家庭教育・社会教育が車の両輪のごとく連動していけば、素晴らしい子どもは育つ。

国語も算数も力を入れる、と同様に生活科や総合的な学習にも力を入れる。そんな、当たり前と言えば、当たり前の提言をしているだけの話である。本書を読まれている先生方に、

生活科や総合的な学習の時間は、その理念を理解し、時間を確保し、内容は充実しているだろうか。

そう、問うてみたい。

お弁当屋さんのお嬢さんのような適応力溢れた子どもを育ててみたい。生活科や総合的な学習の中には、そういう子どもを育てることのできる培養液で溢れている。

そのお嬢さんは今、地元の商業高校を出て、専門学校で公認会計士になるための勉強に励んでいると聞く。あのあどけない笑顔に再会したいものだ。心からエールを送りたい。

人間は、社会に出てからその価値が問われる。学校教育は、その礎を築くべく、もう一度原点に立ち返るべきではないか。

本書は、私自身の自戒もこめて、今一度、生活科と総合的な学習の意義やその価値を、そして、二十年間の私の実践を一人でも多くの先生方に伝えたい……その一心で書いたものである。

(2) 生活科の実践から言えること

① 異学年同士のかかわりを広げ深める
――『二年生となかよく秋を楽しもう』の実践から

小学校低学年の生活科の学習の中で、『秋と遊ぼう・秋を楽しもう』の単元は、一、二年生両学年にわたって行われる。

一年生では、発達段階が個中心であるということから、秋の自然物（木の葉・ドングリ・松ぼっくり等）を利用した物作りを活動の中心に置いた。

二年生になると、集団の中での互いのかかわり方を広げるために、小集団でいろいろな遊び場（ランド）でおもちゃを作らせ、互いにかかわらせて遊ぶ活動が主となっている。

「かかわりを広げる」という観点から見ると、かかわる対象が同学年だけでは、漫然とした活動の繰り返しになる恐れがある。だから、日頃生活を共にしていない下学年の子どもたちと同じ活動をさせてみることで、かかわり方の広がりを期待している。

そこで、《一年生を招待して遊ぶ活動》を仕組んでみる。子どもは元来やさしい。それが年下に対してなら、なおさらだ。一年生を招待して遊ばせてあげられるという気持ちが、いやがおうにも二年生の活動意欲を高める。

しかし、遊ばせてあげられると思っていた一年生でも、中にはやんちゃで言うことを聞かない子もいる。人とかかわるということは、うまくいくことよりうまくいかないことの方が多いんだということを学ばせる意図が、異学年との交流活動の中にはなくてはならない。

『みんな なかよし』

一年生がよく、学年や学級として掲げているこのような目標は、最終目標であって、そこへ至るまでの過程の中では、うまくいかないことの方が多い。よかれと思い、一年生にしてあげたことが、そっぽを向かれたり、時に、いかに遊び場に誘っても、拒否されたりすることもある。仲よくなるためには、

相手が何を願い、何を求めているのかを探ることだということを、この『一年生となかよく秋を楽しもう』の単元を通して学ぶことができる。

《幼小連携》等が盛んに叫ばれている昨今、どういう授業構成をしていくことが、子どもたちのかかわりを広げ、深めることになるのであろうか。同学年や自分の学級のみに固執することなく、マクロに特別活動等との関連も考えながら、異学年との授業構成を試みてみる必要があろう。

生活科は、《かかわりの教科》だと言われる。ならば、さまざまな人々とのかかわりを通して、互いに何を学ばせるのかという、ねらいを明確にした上での実践が必要となってこよう。なお、「一年生となかよく秋を楽しもう」の実践を通して、一年生にとっても上級生への対し方やマナーを学ばせるよい機会となる。

また、元気いっぱいで好奇心旺盛な子どもたち同士のかかわる活動は、常に動的である。ハプニングや衝突も起こる可能性が高いが、かえって子どもたちに他者との程よいかかわり方は、どうあるべきかということについて考えさせるきっかけにもなる。

②　必然性のあるかかわりとは、どうあるべきか

―『お年寄りの知恵を借りて、楽しく竹の水鉄砲で遊ぼう』の実践から

● 試行錯誤

この単元は、〈他者との必然性のあるかかわりはどうあるべきか〉という仮説のもとに実施した単元である。二年生には少し難しいと思われたが、竹の水鉄砲作りに挑戦させてみることにした。うまくいかなかったところは、竹のピストンに包帯を巻きつけ、水鉄砲の大きさにピッタリ合わせることである。

竹を切る・性質を知る
竹の筒の先に穴を開ける
竹のピストンに包帯を巻く
竹の筒の大きさに合わない ずれてフィットしない
水が遠くに飛ばない
思いついた水鉄砲を利用したゲームができない（「困り」）
『スーパー水鉄砲』の作り方を教えてくれるおじいちゃん登場（「必然性」）
『スーパー水鉄砲』を使って楽しく，自分たちが考えたゲームで遊ぶ

子どもたちは、何度も試行錯誤してみるが、うまくいかない。包帯がズレたり、巻いた包帯が大きすぎて筒の穴の大きさと合わなかったりと、悪戦苦闘していた。しかし、時は六月中旬、水で遊びたい一心で活動は連続した。

そこで、竹の『スーパー水鉄砲』の作り方を教えてくれるおじいちゃんの登場である。おじいちゃんの教えてくれる『スーパー水鉄砲』には、工夫があった。

竹のピストンの先に、つまようじを差し込む部分があり、包帯の代わりに巻きつけるスポンジのよきストッパーとなる。

これに輪ゴムさえ軽く巻きつければ、完成だ。スポンジの方が竹の筒より少し大きめに見えたが、スポンジ自体が伸縮自在なので、筒の内壁にピッタリ合致して隙間ができない。

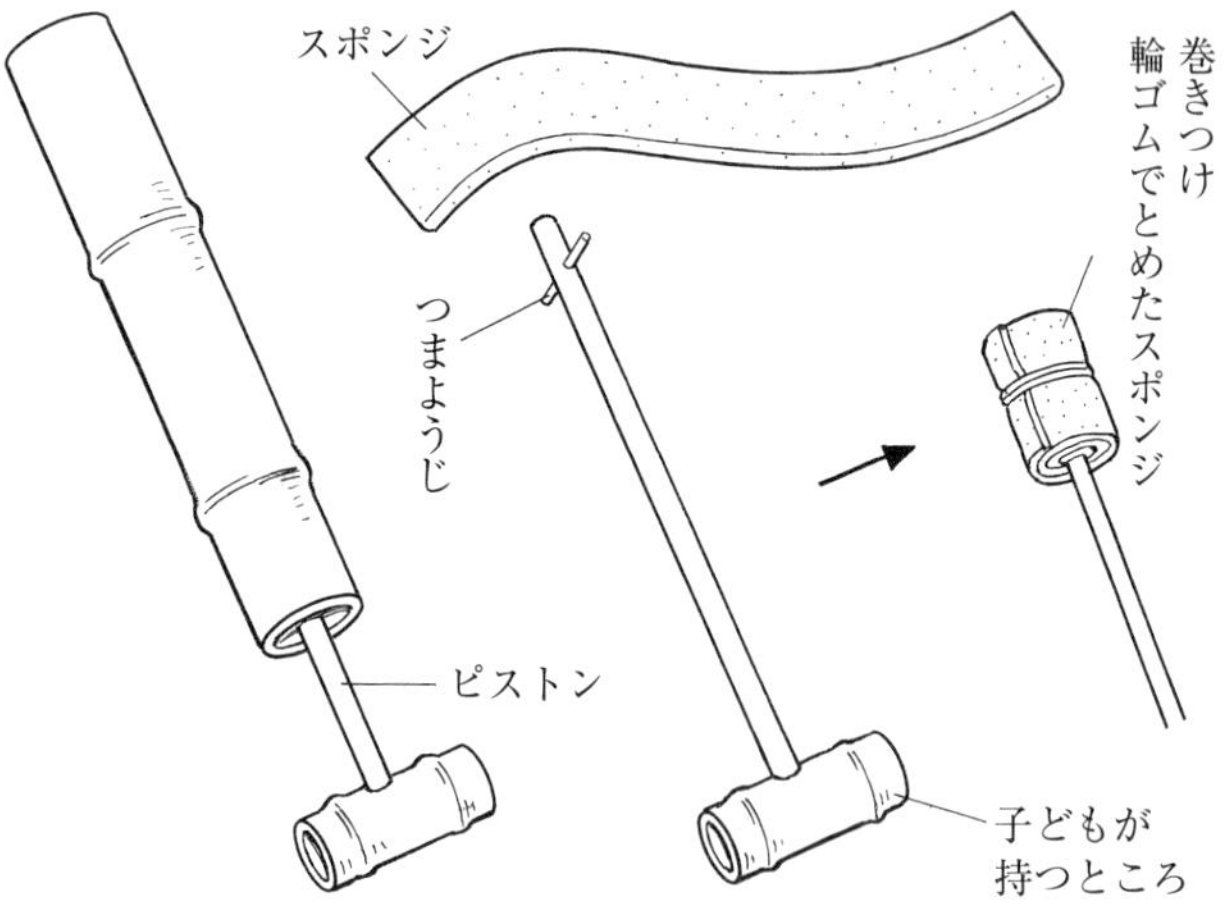

竹の『スーパー水鉄砲』

ここが、小さな力で十メートルも水を飛ばす、竹の『スーパー水鉄砲』の秘密なのだ。子どもたちは大喜びで活動を始めた。自分たちが困った時に助けてくれたお年寄りへの感謝の気持ちは、単にお年寄りとふれあって遊ぶ活動より、深くなる。水鉄砲大会が終わる頃の子どもたちの笑顔は、自分のおじいちゃんに接する時のそれに似ていた。

●『スーパー水鉄砲』を使ってのゲーム

さて、『スーパー水鉄砲』を使ってのゲームのことである。七つの小プール（ビニル製）を用意し、グループごとに「どうすれば面白い水鉄砲大会になるか」を考えさせた。空き缶やペットボトル倒し、的当てもやってみると楽しいが、やっぱりお互いに水を掛け合うゲームをしたいと、子どもたちは言う。

一度試してみたが、勝ち負けがわからないと言い出したので、鉢巻に金魚すくいで使うポイをはさみ、それに穴を開けたか、逃げ切って当てられなかったかで、勝敗を決めることにしてはどうかという提案をしてみた。子どもたちも「それはいい方法だ」と納得したので、させてみることにした。

得点板を作り、集合させ、得点を計算させている時は、算数の授業を彷彿とさせた。二位数＋二位数の計算を日頃は嫌がってしようとしない子どもたちまでもが、必死で計算しようとする姿に驚かされた。

また、ゲームをする中でこういう意見が出てきた。

小プールから水を吸い上げようとしている時に、背後から狙われると防御のしようがないというわけである。それで、「対戦相手が水鉄砲で水を汲もうとしている時は狙わない」という取り決めを互いに交わした。

●ゲームに勝つ工夫

ところが、こんなことを始めるグループが出てきたのである。

スタートの合図があると、最初から小プールのまわりに座り込み、水を吸い上げるふりをして、動こうとしないのである。つまり、「水を汲もうとしている時は狙わない」というルールを逆手にとって、少しでも自分たちが頭につけているポイの数を確保しようという魂胆なのである。子どもというのは、大胆な発想をするもんだなと感心した。

結局、勝負終わり近くになって一斉に出て行って、残り少なくなった相手のポイを撃ち、勝利を勝ち取ったのである。これには、さすがに他のグループの子どもたちからクレームがついた。以下は子どもたちのやりとりである。


「最初からプールのまわりに座って動こうとしない。攻撃をしようにもできない」

「最初から撃ち合いをして、ポイに穴を開けるゲームのはずなのに、ポイを撃てない状態にするなんておかしい」

「最初からずーっと座っておいて、最後のみんなが疲れた頃に、しかも二人がかりで相手のポイをねらうなんて、卑怯だ」

そんな声が他のグループから口々に上がった。

しかし、その作戦を実行したグループの子どもたちにも言い分はあった。

「みんなで決めたルールじゃないか。これも作戦の一つだ」

「ゲームは勝たなければ面白くない。勝つためには、頭を使って作戦を考えるべきだ。ぼくたちは、ずるいんじゃない」

すると、また反対側も言い返す。

「ルールというのは、戦っている最中、水を汲んでいる時には狙わないっていうルールを決めただけで、最初から座って当てさせないようにするっていうのはルール違反だ」

侃々諤々とした論議を聞いていると、この場面は、《規則尊重》という価値のもとでの道徳の授業として見てもいいなと思った。

また、ある子どもは、「渡邉先生の体育の授業って面白いね」とも言った。

水着を着て、水鉄砲で遊ぶさまを、この子は体育の授業としてとらえているのである。

このように、生活科の授業を円柱にたとえ、いろいろな場所を切ると、体育的であり、国語的であり、道徳的であるわけである。

だから、「総合的な学習の時間」の創設を提言した平成一〇年七月の教育課程審議会答申においても、「小学校については、低学年において総合的な性格をもつ教科である生活科が設定されていることや生活科を中核とした他教科との合科的な指導が進められていることなどを考慮して、（総合的な学習の時間は）第三学年以上に設定することとした」（（　）内は筆者が補足）とされたわけである。

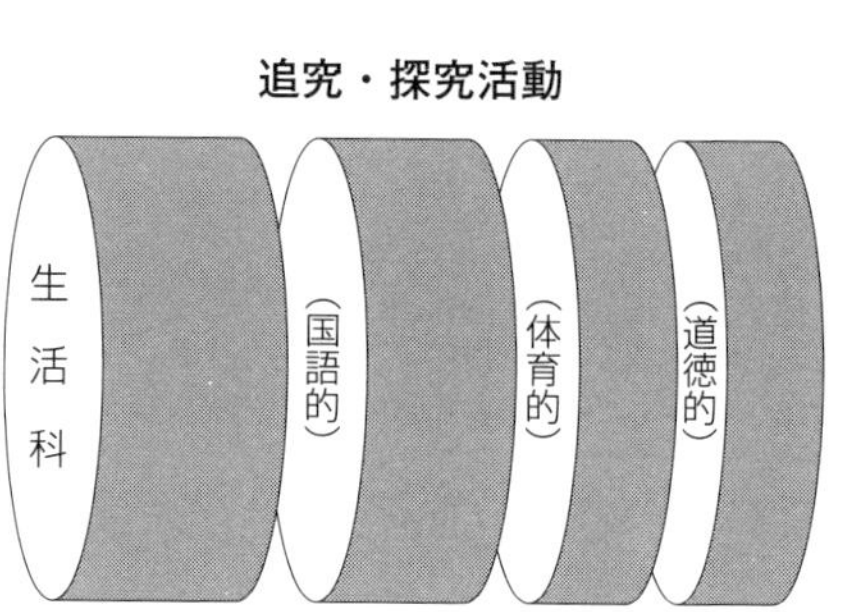

そもそも、学ぶということを一側面から見ると、細分化した教科の中で子どもを育てるだけでなく、総合的にいろいろな知恵を使いながら楽しく追究するという活動が、子どものもつ能力を

伸ばす本来の方法ともいえよう。

生活科も教材選択の仕方一つで、これだけ多様で面白い活動が展開できるのだ。

③ 植物とかかわる生活科──物言わぬ植物への愛情を育てる

● アサガオは、種をいくつまくか？

生活科の授業を通して、さまざまな植物や農作物を育ててきた。二十年前は、チューリップの球根をどうやって植え育てるのかさえ知らなかった私が、今では植物に関しては、種苗屋さんの下働きをさせてもらえるぐらいの知識は身につけてきた。

咲く花が美しいから育てるのではなく、植物が育つ過程とその時々で子どもたちが発する素敵な言葉に魅了されてきたからである。

植物なり農作物を子どもたちに育てさせる条件は、三つあると思う。

① 教師が植物の育ち方を熟知しておくこと。（これは、図鑑やインターネットで調べるより、近くの種苗屋さんや、農家に直に聞いた方がよい。その地方での植物や農作物を育てる秘訣を知っているのは、この方々のほかにいない）

② 途中で一人でも枯れさせることのないように、水やりを忘れがちな子どもへの指導やいつ施肥をするかということについて熟知しておく。それでも、枯れた時のために余分に育てておく。

③ 植物のどこを、どのように観察するのかを具体的に指導すること。そのためには、教師はせめて一日に一回、植物の育ち具合を見て、観察させる視点を明確にもつ。

私の長女が小学一年生の時の夏休み前、枯れ果てる寸前のアサガオを持ち帰った。担任はどういう指導をしていたのかと、無性に腹が立って仕方がなかった。「アサガオぐらいまともに育てさせることはできないのか?」。しかも、夏休みの宿題には、アサガオの観察と称し、四、五枚のカードを書くことが課せられている。

土を入れ替え、施肥をし直し、枯れた葉を除去し、夏休みの中ごろには青々とした葉と花をつけるまでになった。「お父さん、アサガオのお花が三つも咲いたよ」と喜ぶ長女が不憫でならなかった。

アサガオは、大切に育てれば二十から三十の花を咲かせるし、九州のような暖かいところでは一二月になっても日当たりにさえ配慮すれば、花を咲かせ続ける。そういう育てやすさもあって、一年生の生活科の教材として、アサガオは選択されているのである。

ついでに言わせてもらうなら、「まく種は三つにするのよ」と最初から子どもに押しつけたような指導をする教師がいる。確かに鉢の容量を考えれば、三つぐらいが適当なのかもしれない。しかし、それを教師が決めてしまってはいけない。一粒であろうが、五粒であろうがアサガオは育つのである。

「間引きをするのが嫌だから、私は一粒まく」

「いっぱい花をつけさせたいから、五粒全部まく」

「三粒まいて、残りの二粒は、おうちに持って帰ってまく」

一年生なりに、まき方へのこだわりがあるのだ。それを大切にしてやってほしい。種と言えども、そのまき方にはさまざまある。いくつ花を咲かせたとか、どう立派に育ったかということは二の次でよい。

要は、観察の時、施肥の時、水やりの時、つるや花の観察の時、採種の時、そのつどの子ども一人ひとりのアサガオとのかかわり方を、ほめ、認めてやってほしい。一年生なりに何か理由があるから、他の子とは違ったかかわり方をしようとしているのだ。子ども一人ひとりのかかわり方を大切にすることで、アサガオへの観察力や活動意欲は増していく。

さて、植物や農作物を育てる時に、まず着目しなければならないのが「土」である。栄養分のない枯れた土、酸性度の高い土にいくらいい種をまいたところで、決してうまくは育たない。農家の方のようにうまくいかないにしろ、どうせ育てさせるのなら、子どもたちが「育ててよかった」と思えるような花育て、農作物育てをしてほしい。「りっぱなトウモロコシを育てようね」と子どもたちと共にせっせとお世話をして、実の欠けたトウモロコシしか育たないのでは、お話にならない。

土質が本当にトウモロコシを育てるのに適していたのか、トウモロコシは、「肥料食い」と言われるほど、養分の吸収が激しい。水や肥料をいつ、どの程度やるかといったことも、事前に調べておかなければならない。

というように、植物は土質ひとつとっても、施肥の仕方一つとっても、日照度の加減で育ち方が全然違ってくる。それを、あらかじめ教師が知っていて育てさせる時とそうでない時とでは、自ずと子どもたちの支援・援助の仕方、植物の育て方も違ったものになってくる。

学校で育てられている動物や植物ほどかわいそうなものはない、ということが囁かれる。日なたの焼けるようなコンクリートの上に置きっぱなしで枯れ果てる寸前のアサガオ、雑草だらけの花壇、糞尿だらけで餌もよく与えられている様子のないウサギやニワトリ。これで、「命は一つしかありません。大切にしましょう」と、いくら教師がお説教をしたところで、説得力はない。

「靴箱を見れば、雑巾かけを見れば、花壇や鉢を見れば、学年・学級経営が見える」とおっしゃった、かつて大校長と呼ばれた方がいた。けだし、名言であると思う。


まずは、先生方が、動物博士・植物博士になってほしい。国語や算数の教材研究をするのと同様に、先生方が子どもたちと育てる動物・植物を知り尽くしてほしい。

●継続して観察をさせるには

子どもが「育てたい」と願う動物・植物を育てさせるわりには、長続きして世話をすることができないのはなぜだろうか。

答えは一つ。教師が毎日観察し、指導していないからである。

アサガオに白斑病を見つけ、葉が白くなっているのに先生が気づく。「これは何だろうね」と、問うてみる。「日光に当たらないから白くなったんだ」「病気じゃないの？」「大丈夫だよ、ほうっておいても」。子どもたちは、さまざまなことを言う。

「本当に大丈夫？　調べてごらん」と、二年生以上の上級生に聞くことをアドバイスしてみる。図書館で調べるのには、一年生にはまだ無理があるからだ。上級生でわからなければ、おうちの人や近所に住むお年寄りに聞かせてみる。アサガオの変化ひと

つで、さまざまな人々とのかかわり（コミュニケーション）が生まれてくる。

《気づきの質を高める》ということが強調されている。ほうっていては、質を高めるどころか、気づかないままに終わる子どもだっている。どこで、どう、教師がかかわって指導するのかということを、事前に考えておくことが大切だ。

知らなかったことに気づいた時、子どもたちの観察の視点は、明らかに違ってくる。そして、子どもたちのアサガオとのかかわり方そのものが深くなってくる。

また、植物の観察の仕方、目のつけどころも事前に指導しておく。黙って見守るのが支援だなどと勘違いしてはならない。指導すべきところはきちんと指導しておかなければ、子どもは何をどう観察してよいのかわからず、右往左往するばかりで、そのう

ち見向きもしなくなる。

子どもは、一定の角度からしか植物を見ない。何も指導しないまま、カード等に書かせてみると、二五人いれば、二五通りの同じような絵が並ぶ。だから、植物の観察は、「真上から見る」「真横から見る」「葉を裏返してみる」「さわってみる」「寝そべって下から見上げる」といったような角度をつけて見ることや、ルーペを使って見ることを指導しておかなければならない。

> 先生、あのね、アサガオのつるの先は、とんがりぼうしみたいになっていました。小さい白いうぶげみたいのがついていて、さわるとネバネバしていました。きっとこのネバネバでしちゅうにしっかりとまきついていくんだとおもいます。

というように、観察の仕方を指導しておいただけで、一年生といえども、これだけ細かく観察した事実を、事細かく言葉で表現できるようになる。

学習対象が何であれ、子どもの知的好奇心をくすぐるのは、教師の綿密な教材研究と指導であることは、他教科となんら変わりはない。

教材選択をしたら、いかにそれを子どもたちと共に、どのようにして学習という軌道に乗せていくか、やはり、先を見通した教師の場に応じた臨機応変な対応の技術が大切になってこよう。

(3) 総合的な学習の時間の実践

① 『ぐんぐん育てロシアヒマワリ』の実践から

● 考えてほしいこと

総合的な学習というと、「国際理解」「環境」「福祉・健康」「情報」等の現代的な課題、いわゆる横断的・総合的な課題が着目される。すなわち、これらの学習は、一つの教科の枠組みの中で考えるのではなく、いろいろな教科で得た知識・技能を駆使しながら、横断的に行い、総合的なものの見方・考え方をしないと解決に結びつかない『体験』を中心とした学習であるということである。

だから、外国人とかかわった活動をさせればよい、環境問題に取り組ませればよい、車椅子体験をさせればいい、コンピュータの操作を教えればいい……そう考えがちであり、あながち間違ったこととは言えない。

しかし、その様子を見ていると、単なるイベント的な体験活動のみに終始しているケースもある。例えば、環境問題に詳しいスペシャリストをゲストティーチャーとして招聘して、一時間半ほどの講義をさせ、質問をさせたり、それによってわかったことをまとめる、そして、ポートフォリオとして蓄積する……。

これでは、「道徳の時間」にテレビを見せ、感じたことを感想文として書かせる活動となんら変わりがない。「なぜ、ゲストティーチャーを呼ぶ必要があるのか？」「環境の何を学習の中心とし、子どもをどう育てたいのか」という、教師の確固たる見通しがなければ、はっきり言って学習価値のない活動に終始する場合もある。

こんな時、総合的な学習の時間の目標にもう一度立ち返ってみるとよい。先述した活動のどこに、『自ら学び、自ら考え……、主体的、創造的、協同的に取り組む態度を育て、自己の生き方を考えることができるようにする』――これらの文言が当てはまるだろうか。

総合的な学習の時間の授業である以上、子どもが追究してみたい、探究してみたいと意欲的になり、課題に対してのそれぞれのアプローチの仕方があって、そして自分なりに解決できた喜びを味わう。その過程で得た経験なり、育ったものの見方・考え方がその子の生き方によい影響を及ぼす……こういう学習を構築していくべきである。

ある学校は、『遠洋漁業でとれたマグロの解体ショー』を見せて、全員でマグロ料理を給食として食べた、プロサッカー選手をゲストティーチャーで招いていっしょに練習をした。子どもたちは、鼻高々であった。これで遠洋漁業に対しての、あるいは、プロスポーツの選手に対する見方・考え方が変わった、いい総合的な学習ができたと校長先生まで鼻高々であったという、漫画のような、うそのような話も実際にある。

また、福祉的な学習をする上で、アイマスクをさせ、盲導犬を連れて歩くという学習がはやった時期がある。十数校が次々と盲導犬をレンタルに来たため、最後は盲導犬が嫌がって犬舎から出てこなくなったという笑い話を、大阪の友人から聞いたことがある。

もしかしたら、こういうイベント的な学習をしている学校はごくわずかで、他の学校のほとんどは、生活科や総合的な学習に対して真摯に向き合った実践をしていることと思う。総合的な学習を実施するに当たって、例示課題に何が出ているからこれをするという考え方ではなくて、

子どもの現状や抱えている課題は何で、最終的にはどんな子どもに育てたくて、だからこんな総合的な学習が我が校には必要なのだというポリシーをもってほしい。加えて、人まねではなく、その学校だからこそできる総合的な学習をクリエイトしていってほしい。

となると、あまり学校や地域からかけ離れた学習をすべきではない。地域教材を開発し、授業構成をしていくことが、一番よいと考える。

それと、もう一つ。IT社会のせいか、各学校にパソコン室が設けられ、コンピュータを使っての学習が盛んになってきた。情報教育としてのその利便性は大いに認めたいところだが、総合

的な学習の時間のねらいから見た時はどうだろう。

パソコンというのは、辞書や辞典と同様で、教育目的を達成するための手段・方法に過ぎない。だから、総合的な学習の時間の学習を進めるうちに、どうしてもパソコンでないと調べられないという事実があった時に、利用させるべきである。

何の目的もなく、ただパソコンでお絵かきソフトをさせるだとか、デコレーションをつけた手紙を作成といったような活動を、総合的な学習の時間の授業といっていいのだろうか？　私に言わせれば、「総合的な学習の時間の授業をどう進めていいかわからない教師が、コンピュータを使って技能講習会をしているに過ぎない」といった授業をいくつも見たことがある。

パソコンを使って、総合的な学習の時間の目標にどう近づけ、どのように子どもたちを育てたいのかということを真剣に考えない限り、ＩＴ機器も単なる手段でしかない。このことを調べる上で、どうしてもパソコンでなければならないという必要感がない限り、子どもの調べる技能も発達しないだろうし、まして、調べるならパソコンでなくても電話、人を訪ねて聞く、図書館で調べる等、いくらでも方法はあるではないか。

インターネットを使い、ありとあらゆる資料をプリントアウトさせ、果たしてそれらを子どもたちは、読み解き、しっかり利用しているのだろうか？　必要な部分だけを抽出し、選択し、理解できるだけの能力は育っているのだろうか？　それが心配になる。

●子どもの実態と教材

さて、本題である『ぐんぐん育てロシアヒマワリ』の実践の話に戻ることにする。私がある小学校に赴任して、三年生を受け持った時の実践である。どの学校でもそうだろうが、三年生はやんちゃである。特にそのクラスの男子は個性派がそろい、毎日けんかが絶えなかった。この子たちが何かに熱中し、心が一つになれる活動はないだろうか？　そう考えた。

出発点は、まず「子どもたちがどうあるか」である。

そこで、それに見合う教材探しから始めた。

・長期間追究可能な教材はないか
・驚きを与えられるような教材はないか

その中で、ロシアヒマワリに着目した。三年生の理科で育てる植物には、オクラとホウセンカがある。なぜ、理科でこの植物を選択したのかがいまだにわからない。

ホウセンカは、水の通り道である導管の観察等ができる。しかし、オクラなど好んで食べる子がいるだろうか？　興味もわかない植物を、種のでき方を調べさせるという目的のみで栽培させるという意図が、つかみきれない。

要するに、オクラにしろ、ホウセンカにしろ、子どもの心に訴えかける教材ではない……生活科の観点から見るとそう思うのだが。

オクラ・ホウセンカは、観察用としてプランターで育てることにして、ロシアヒマワリを育てる場所を決め、土作りから始めた。校長の許可を得て、南側のプールの空き地を利用することにした。

思ったより土が固く、つるはしで掘り起こすことから始めた。だいたい土がほぐれた頃を見計らい、子どもたちと共に石を取り除き、移植ごてでさらに土をフカフカの状態にした。肥料としては、消石灰、粒状油粕、スーパー堆肥を近くの農協から安く仕入れてふんだんにまいた。

それから一か月、ヒマワリの背丈は子どもたちの身長をゆうに越えた。他の植物にないダイナミックな成長の速さと大きさが子どもたちの驚きとなり、ヒマワリに注目させる要因の一つとなった。

ホウセンカやオクラには、言われないと水やりをしない子どもたちも、ヒマワリの世話は積極的に取り組んだ。そして、互いに「ヒマワリの背比べ競争をしよう」と、一人ひとりの子どもたちが自分のヒマワリを伸ばす方法を考え始めた。

「先生、おじいちゃんがね、うねの間に水がたまるぐらいたっぷりやれって言っていたよ」

「学校の池の底の泥は、栄養分がたっぷりあるから、あげるといいよ」

「肥料の中でも堆肥は植物を高く伸ばす成分があるらしい」

子どもたちは、ヒマワリの背を伸ばす方法を調べてくることに夢中になった。高さの測り方も竹の棒に目盛りを書き込み、ヒマワリの横に立ててみるという、算数的な間接比較の仕方を考えついた。また、いたずらで葉がちぎられたりすることもあったので『ヒマワリパトロール隊』を結成し、中休み・昼休みに見て回ったり、全校にポスターを配って知らせたりした。

この実践を聞いて、「理科ではないか?」という人がいる。しかし、理科ならば成長の様子を観察するだけにとどまる。学習指導要領の中には、「自然を愛する心情を育てる」とあるが、果たして理科教育の中で、そこまで追究ができ、心情を育てているだろうか。はなはだ疑問である。

理科的であり、特別活動的でもある、すなわちさまざまな教科・領域の要素が入りまじっている、言わば《巻き寿司》のような学習が、総合的な学習である。

もう、この辺りから子どもたちの日記には、頻繁にロシア

ヒマワリのことが出てきた。自分のヒマワリの成長ぶりが気になって仕方がないといった様子が書き綴られていた。

また、こんなこともあった。

S子という女の子のヒマワリが、地上一メートル半ぐらいのところから、折られてしまったのである。まじめに世話をしていただけに、かわいそうに思い、「S子ちゃん、かわりに先生のをあげようか？」と問うてみた。ところが、S子は、かぶりをふって、「いいや、私、これでいい」と言うのである。

S子にとっては、この折られたヒマワリが「マイヒマワリ（私のヒマワリ）」になってしまっていたのである。かわいがっていた飼い犬を亡くしてしまった子に、他の犬を連れてきて「かわりにあげようか」と言ったのと同様、私が彼女に問うことは、全くの愚問であったのだ。

このように、子どもがヒマワリとかかわる、それに応えてヒマワリが大きくなる。しだいに、子どもたちも自分のヒマワリなのだという意識に変わる。つまり、互いのベクトル同士が行き交う状況をさして、《かかわる》というのである。

●折れたヒマワリ――その後

さて、その後のS子のヒマワリ。

折られた部分をガムテープでつないでみた。完全に折れてしまったわけではないので、導管が細々とではあるが、つながり、途中で曲がりくねったこぶ状の固まりをつけながらも、見事に花を咲かせた。

クラスの子どもたちも背比べ競争など、どうでもよくなっていった。

S子のヒマワリに対する愛情と、折られた後も世話をし続けた態度に称賛の拍手が送られた。枯れてしまった後も子どもたちのヒマワリは、廊下にぶら下げて飾っておいた。S子のヒマワリには《S子さんの根性ひまわり》という名前までつけられた。

三学期末、その枯れたヒマワリを大事そうに家まで持って帰るS子の姿が印象的であった。

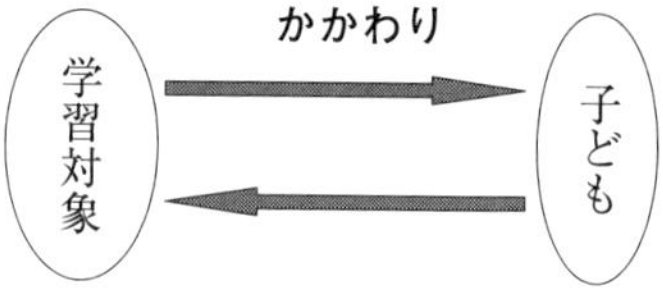

総合的な学習の時間の目標には、「自己の生き方を考えることができるようにする」とある。最初は、自分のヒマワリだけ大きくなればいいと考えていた子どもたちも、S子のヒマワリのひたむきな世話の仕方に心を打たれ、共にヒマワリの成長を喜び合った。

むろん、ヒマワリが折られることなど想定外の出来事であった。要は、そのハプニングを教師がどう活用するかにかかってくる。「誰が折ったのか」ということをいつまでも問題にしていれば、進展は望めない。気持ちをきりかえた後、ヒマワリが互いにどう成長し合うか、互いに競争し合うのではなく、互いにヒマワリの成長の喜びを分かち合うまでになった。

総合的な学習の教材は案外、身近なところに存在する。その中で何をねらい、どんなドラマを期待し、問題と思われることを、どう子どもたちに返し、考えさせていくかが、大切になってくると思う。

②『江川と大在干潟の物知り博士になろう』の実践から

●なぜ、川の汚れ調べか

「川」をテーマにした学習は多い。たいがいは、水質検査や生物の個体数変化の比較から、川の汚れに気づき、環境問題として考えようといったパターンがほとんどである。一時、「全国どこへ行っても川の実践ばかり」といった批判があったのは、確かだ。「川の何を教材化し、その中でどんな子どもを育てようとしているのか」が不足していたのではないだろうか。

私が勤務した学校も、前学年の先生方で相談して、総合的な学習の時間のテーマと教材をすでに選択していた。『江川《えがわ》の汚れを調べよう』というものであった。

それを引き継いだ時、「なぜ、江川なのか?」「江川の汚れを調べることに何の意味があるのか（もともと、放水路として造られ、要するに汚水を海へと流すために造られた人工河川である。だから、汚れなど調べなくても最初から汚れているのである）」「調べた後、子どもたちはいったいどう育つんだろうか?　本当に環境問題に目を向けるようになるのだろうか?」という疑問が次々に浮かんできたが、前学年の先生方が一所懸命創ろうとしていることをむげに否定もできない。教材性を見つけることに、夢中になってきた。

江川というのは、第一・第二江川として大在《おおざい》地区を流れる、人工的に造られた放水路である。江川の流れに行き着くまでには、道路から五、六メートル降下せねばならず、ところどころ昇降のための石段は造られているが、小学生が集団で降りられるような場所ではない。

水遊びもできなければ、水生昆虫を探すことも不可能な川であった。「汚れを調べよう」と言ったって、壁面に造られた石段のすぐ近くには、各家庭からの汚水が流れ出る排水口があり、近寄っただけで、においがするし、汚れを調べようという必然性が生じてこないのである。

生活科や総合的な学習の教材探しは、軽いフットワークで

という先輩の言葉を思い出した。

教材のアラ探しをする前に、私自身が江川なり、江川の歴史をもっと知っておかなくてはならないと思った。「ガソリン代がかかりすぎ」と家内に不満を言われながら、上流域から下流域までくまなく探索した。

上流域は、大在志村奥の山手にある、ため池であることがわかった。そこから、いくつかの支流が田んぼに水を供給するために枝分かれしているということも聞いた。上流の水は実に美しい

のに、江川の下流域になると異様に汚れていることもわかった。

　要するに、第一・第二江川共に人工的に整備され、コンクリート舗装をされ、家庭用排水を垂れ流すための川に、その一部がなっていることがわかった。川中にヨシなどを植え、少しでも水の浄化をはかろうとしていたが、はためから見ると焼け石に水という感じさえした。pH検査、水質汚濁の検査をしてみるが、どこも結果は同じである。住んでいる生物といえば、汚水にも強いノゴイ、ミドリガメぐらいであった。

　しかし、粘り強く探索を続けていくと、下流域は、大在干潟につながっていることがわかった。ここが、この学習の大きなポイントとなったのである。

　この大在干潟の存在は、地元に住んでいる私でさえ、気づかなかった。

　この干潟は、県の天然記念物にも指定されており、『大分生物談話会』の先生方が中心になって、製鉄会社の工場を建てるために海を埋め立てる際も、県に何度も陳情まで行って残してもらったという貴重な干潟であった。

　海岸にしか自生しない植物や、ハクセンシオマネキ、ナマコ、ジャコ等、干潟ならではの生物がいまだ生息していた。

　子どもたちと干潟に行って、A地点とB地点の生物の個体数を数えた。A地点の生物の数の方が、B地点の五倍以上多いのである。これは、流れ込む第二江川の汚水が影響しているのだろうという予想が立った。しかし、A地点とB地点のpH検査の結果にそう大きな差はないのである。

「おかしい?」「生物の個体数と水質は、関係ないのではないか」という疑問が、子どもたちの中から湧き出た。授業時間内で観察したり調べたりするのは限界があったので、『大分生物談話会』の佐藤真一会長に質問に行った。

すると、B地点では、満潮時や干潮時に、第二江川から流れ込んできた水と海水がぶつかり、うずまきのような状態が起こるため、生き物が生息しにくいということと、第二江川の汚水が直接入り込む場所だけに、やはり、A地点に比べ生き物が生息しにくいのであろうということであった。

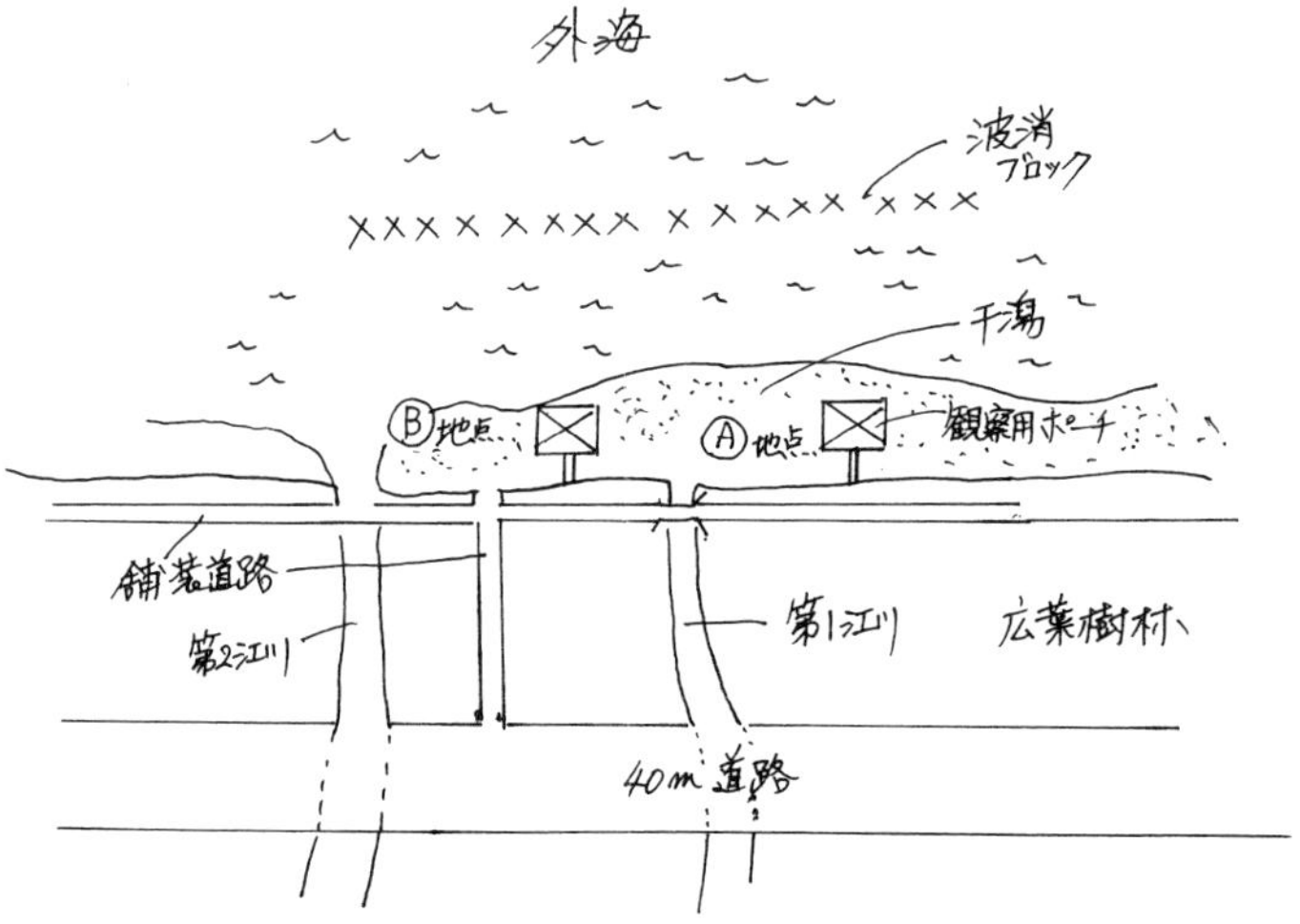

●課題の焦点化

ここで初めて、

> 江川の汚れをなくし、干潟を小動物にとって棲みやすい環境にするためにはどうすればよいか。

という課題が位置づいた。

環境的な課題を総合的な学習の時間で扱う場合、教材として扱う環境を焦点化すべきである。でないと、ただ単に環境学習で、いろいろな課題について調べるという活動を安易に取り入れると、範疇が広すぎ、活動が拡散しすぎて、最終的に教師の指導が行き届かなくなる恐れがある。

この場合で言えば、江川と大在干潟をつないで考えた上で、その中で何を問題とするのかを子どもたちと話し合う必要を感じた。そして、長い時間をかけて、「環境を守るとはどういうことか」について考えていかせるべきである。実際、この『江川と大在干潟の物知り博士になろう』のために要した時間は、二三時間であった。

エコバッグを見せて、「これは何のために使われているんでしょう?」――答え「ゴミを減らし、二酸化炭素を減らすため」などと、二、三時間で終わるようなものを、環境学習とは言わないと思う。総合的な学習で大切なことは、時に子どもの自主性に思い切って任せてみながら、必要な部分は教師が的確なアドバイスをし、子どもと共に紡ぎ合いながら学習を進めていくべきものではないかと考える。

　実際、江川の汚染に気づいた子どもたちは、その原因は家庭や店から出る排水、投棄物によるものだということまでつきとめ、ポスター作りをし、公民館に貼り出してもらった。また、大在干潟周辺に点在する多くのゴミをいつ、誰が撤去するのかと、市役所まで問い合わせた子どももいた。

　しかし、こういう実践を通して、反省すべき点もあった。各所の生物の個体数を棒グラフで書き表し比較する活動、世界の環境問題についての図書館での調べ方、東西南北に従い第一・第二江川や大在干潟を地図として書き表す活動、人に聞いたことを中心点を明確にしてメモする能力等、各教科で当然ついているであろうと予想していた能力が案外身についていなかったり、その場面になって適用できていなかったりということがよくあった。

　つまり、各教科・道徳・特別活動という車輪と総合的な学習の時間という車輪がうまく連結しておらず、相乗効果が期待できるまでには至っていなかったということである。

　ここで、考えたことは、各教科・道徳・特別活動を総合的な学習の時間と関連づけることを無理に意識する前に、それぞれの目標や内容をもとにつけなければいけない力を、しっかりつけておくこと。そうすれば、自然と子どもたちの方で関連づけて考え始めるのではないかと考えた。

しかし、総合的な学習をしっかりやったことで、逆に教科でついていなかった力がはっきり見えてきた。その後の教科指導に大いに役立ったことはたしかである。

研究会などに出向き、各学年の総合的な学習の時間の主題名を見た時、『川』とか『森』とか、『キラキラピカピカ探検隊』『環境の魔法使いになろう』などというわけのわからないものまである。

主題名を見ただけで、パッと何をやろうとする活動なのかがわかるようにしなければ、だめである。また、何を調べ、何の問題を見つけ、その後どうしていきたいのかという、学習の道筋がわかるようにしてほしい。

それは、生活科にもいえる。『スイスイさわやかきもちいいね』『ギンギラお日様元気いっぱい』……これを主題名、あるいは単元名と言っていいのだろうか。

主題名は、横文字やはやり言葉を並べ立てても、中身が充実していなければ何の意味ももたない。

平成二二年に私が赴任した大分市立鶴崎小学校では、近くに大野川という、きれいで大きな河川が流れている。地域の人々の手で土手にはきれいな花が植えられ、四季折々の色彩を見せているし、話によると、地域の人々と四年生の子どもたちの手によって、ウナギの稚魚やモクズガニの幼生の放流が行われている。放流をするだけなら、単なる体験活動である。それをどう学習として構築していくかが、今後の楽しみである。

③『「ぞうれっしゃがやってきた」を心を込めて歌おう』の実践から

● 合唱構成曲を歌いたい

『ぞうれっしゃがやってきた』（藤村記一郎作曲　全音楽譜出版社）は、戦時中、名古屋の東山動物園であった実話を一四の合唱構成曲によって組み立てたものである。

〈あらすじ〉

当時、東山動物園で人気者の象四頭（アドン、キーコ、マカニー、エルド）がいた。しかし、戦火が激しくなるにつれ、軍の命令により，飼育料のかかる動物は次々に殺されていく。動物園の飼育係の人々は泣く泣く動物を殺すことを承諾せざるを得なかった。それでも四頭を殺すことはできなかったが、ついに餌を与えない方法がとられる。アドンとキーコは餓死してしまうが、マカニーとエルドは空腹に耐えて奇跡的に生き残る。それを聞いた東京の子どもたちが、生き残ったマカニーとエルドを見るために、特別の象列車を臨時便として運行し、見に行くという話である。

（小出隆司作『ぞうれっしゃがやってきた』岩崎書店 を要約）

これを、受け持ちの三年生と歌っていきたいと考えた。心優しい、他の子を思いやれる子に育ってもらいたいと考えたからだ。総合的な学習は、まず「目の前の子どもたちを、どうしていきたいのか」、それが出発点である。そして、この教材を使って子どもをこう変えていきたいという気持ちが大事だ。

この合唱構成曲を今、受け持っている子どもたちと歌っていきたいと思った。心優しい、他を思いやれる子どもたちに育っていってもらいたいと考えた。学級全体が、まだ個中心で、全体としてのまとまりがないと感じたからだ。

ストーリーを紙芝居にして、話の概要をつかませた後、全曲を録音したテープを聞かせ、話のあらすじと合致させながら、紙芝居形式にして、学年全体の子どもたちに紹介した。子どもたちの食い入るように見つめる目が印象的だった。

最終目標は、《心を込めて歌詞を見ずに全曲を歌い通すことを目指した探究活動を通して、平和のすばらしさを知る》ということである。全曲が一四曲からなる合唱構成曲である。「そんなことが果たして可能なのか」といぶかった同僚もいた。指揮は私。ピアノは、隣のクラスの先生が音楽専門の先生だったことが幸いした。

子どもたちには、ＣＤを聞かせた後、まず「歌ってみたい曲」から歌わせてみることにした。『サーカスのうた』『どうぶつえんへようこそ』『ぞうれっしゃがやってきた』を選んだ。歌いやすい、歌詞の意味のわかりやすい曲から選択したわけである。

「順番に歌わせるべきでは？」という人もいる。しかし、生活科にしろ、総合的な学習にしろ、子どもの「○○してみたい」という思いや願いを最優先させるべきではないだろうか。

どの教材でも、「おいしいところからガブリと食べさせてみる」のである。そうすれば、子どもは興味をもち、「もっと食べたい」という意欲的な状態になる。逆に「おいしくない」ところから導入しておいて、真ん中辺りで「さあ、このへんからおいしくなるぞ」とささやいたところで、子どもの興味・関心はすでに失せてしまっている。

「△△のように歌いなさい」というような指導は一切しなかった。子どもたち同士の話し合いにより、あるいは、ビデオでの振り返りによって、《自分たちらしい歌い方》を工夫させた。

時には、附属中学のコーラス部の生徒が歌っている様子を映したビデオを見せたりした。それまでの自分たち自身の振り返りだけでは、《歌う姿勢》や《よそ見をしない》程度だった反省が、《口のあけ方の工夫をしなければ》《歌う時の表情に気をつけなければ》とか《あの透き通るような声はどうやったら出せるのだろう》といった高いレベルの問いへと変わっていった。

● 困ったこと

ただ、困ったことは、『雪よ、ふるな』『ぞうを売らないで』等のソプラノを中心とした合唱である。これは、いくらなんでも小学校三年生の発声レベルでは無理がある。

ちょうどその当時勤務していた明野東小学校には、ママさんコーラス部のお母さん方が毎月、定期的に空き教室を利用して、サークル活動を行っていた。そのソプラノ部分を模範として歌ってやってくれないだろうかと、お願いをしたところ、快く引き受けてくださった。

体育館に集合し、子どもたちと共に合唱活動に取り組んでくださった。さすが、セミプロ集団である。私たち教師が気づかない細かいところも指導してくださったし、お母さん方が歌い出すと、いたずらっ子の三年生も、静かに聞き入り、その高音が醸し出すあまりの美しい歌声に感動しただけではなく、この楽曲はふざけた気持ちで歌ってはならないのだという意識が全体に広がった。

この楽曲を歌いとおす活動の課題は、『場面に応じた歌い方の工夫をどうすべきか』であった。三年生にとっては、難しい課題であったのかもしれない。しかし、教師側から考えて難しい課題であろうと、子どもたちにとっては、かえって多様な考えが出たり、深く考えるきっかけとなる場合がある。「〇年生だから、こんな課題の質で」という考え方は、総合的な学習ではあてはまらない時もある。

しかも、目的はきれいな歌声に仕上げることなのではない。一つの歌い方について、皆が知恵を出し合う過程が一番大切なのである。ああでもない、こうじゃないかと互いに意見を交流し合いながら、子どもなりの一つの結論を導き出す。算数や国語とは違い、確固たる正答はないわけだから、どういう結論に至ったかということより、むしろそこに至るプロセスを大切にすべきである。

●困難を乗り越えて

どんな例示課題を解決するにせよ、この教材を通して、子どもたちをどう変えたいのか、どういった力をつけるのかということを考えておかなければならない。

一番いけないことは、最終像も不明瞭なまま、無計画に授業を進めていくことである。事細かに枠組みをつくったり、レールを敷くこともないが、大枠の見通しはもっておくべきであろう。それは、総合的な学習の時間に限らず、生活科であろうと、国語の授業であろうと、同じことが言えるのではないだろうか。

一〇月中旬にあった全校音楽集会で、中間発表会（一部分だけ）を行い、全校児童から拍手喝采を浴びた子どもたちは自信をもち、三月初旬の「歌声発表会」で保護者の前で全曲を歌い通した。保護者からは、「鳥肌が立った」「感動で涙がとまらなかった」などの感想が寄せられ、大成功に終わった。

私たちは、子どもたちに満足感を得られる授業をとか、達成感を……ということをよく言う。満足感や達成感は、子どもたちの今もっている力からほどよい高さのある課題をクリアさせてこそ味わえるものである。

終着点のはっきり決まった他の教科より、エンドレスがよいとされる総合的な学習の時間だからこそ、思い切った冒険ができるのだと思った。

④ 地域をどう総合的な学習に取り込むか

● 総合的な学習の時間の新設

平成一〇年の学習指導要領改訂の折、全国の教師が生活科導入の時（平成元年）以上にどよめいた。そのどよめきの原因は、戦後日本の教育は、目標・内容がしっかりと定められ、それに準じた教科書が発行され、それにしたがって授業をしていれば事なきを得てきたからである。ところが、新設された「総合的な学習の時間」では、示されたのは、目標と時間だけ。内容については、各学校に任されることになった。しかも、総合的な学習の時間は、学習指導要領の総則の中に盛り込まれ、各教科・道徳・特別活動と有機的な関連を図ることが求められた。

平成九年二月、筑波大学附属小学校の公開研究会に参加していた私は、体育館の二階席までいっぱいになった三千人近くの先生方と共に、総合的な学習の時間についてのシンポジウムを拝聴した。

私のように、生活科にかかわってきた者は、「これで、やっと生活科とつながる時間ができた」と、大喜びしたものだが、会場からは、「無理ではないか」「難しそうだ」との声が相当数上がった。無理からぬことだとも思った。私自身でさえ、教育を受ける側にいた時も、そして教師になってからも、定められた内容を教えられたり、教えたりした経験はあるものの、内容を自分たち自身でクリエイトして、子どもに学ばせていくといった経験は、皆無に等しかった。

生活科を経験していたおかげで、教材を開発し、子どもの思考の流れに沿って授業構成していくことには、慣れていた。むしろ、その楽しささえ覚えてきた時期だったから、「総合的な学習の時間」を素直に受け入れられてきたのだ。

総合的な学習の価値をこんなたとえで考えてみることがある。一つの専門性や特技があったら（それが突出していたら話はまた別だが）、世の中を生き抜いていけるものだろうか？　例えば知識豊富で技術的に優秀な医師がいたとして、患者への思いやりのかけらもなく、愛想もない、元気づける術さえ知らなかったとしたら、果たして患者はそんな医師を求めて治療に通うだろうか？

会社や役所では、二、三年のローテーションで部署が替わるところも多いという。ある部署で、「今度は、相当のやり手が来るらしい」というような噂が立ったとする。この場合で言う「やり手」とは、『総合力をもった人間』と言い換えることもできる。つまり、コンピュータ技能だけがたけているからやり手とは言わないのである。人づきあいもよくコミュニケーション力があり、仕事が速く的確性がある……その他諸々の諸能力を兼ね備えた人間を「やり手」というのだそうだ。

これからの世界は、そのような総合的な力を兼ね備えた人間の育成が期待されているのではないだろうか。冒頭で私が紹介したお弁当屋さんのお嬢さんのような子が……である。生活科や総合的な学習の中には、そういう魅惑的な要素がふんだんに盛り込まれているような気がしてならない。

その総合的な力をつけることのできる総合的な学習の時間の新設は、生活科に懸命に取り組んできた者にとって、一筋の光明に思えた。

●課題選択をどうするか

さて、総合的な学習の時間の新設後、先生方の頭を一番悩ませたのは、課題選択であった。近くに留学生がいれば、国際理解教育にとびつく。福祉健康センターがあれば、福祉・健康という課題にとびつく。コンピュータに堪能な先生がいれば情報教育にとびつくといった、子どもを抜きにした課題設定が、数多くの学校でなされたし、一つの学校の実践を他校が真似するという現象も起きた。

また、古くからあった「総合学習」をそのまま残し、総合的な学習とすりかえた学校も多かった。

そうではなく、『総合的な学習の時間』は、授業として行うべきだし、問題解決や探究活動を行わなければならない《課題の学習》である。

だからこそ、子どもの実態を浮き彫りにした上で、価値ある教材選択をすることが最優先されるべきだ。よい教材の中には、環境的な学習の要素、福祉的な学習の要素、情報的な学習の要素、

地域課題

《例示課題》
①国際理解、情報、環境、福祉・健康などの横断的総合的な課題
②児童の興味関心に基づく課題
③地域や学校の特色に応じた課題

いわゆる例示課題に示されているものが、ふんだんに盛り込まれているし、それは、地域に掘り起こされぬまま眠っていることも多い。

そのためには、『地域』に着目してみることが一番よい。地域の教材は、子どもたちの目にふれていることが多いし、親しみやすい。地域の教材なら子どもたちも知っているし、わざわざ取り上げる必要もなかろうという人もいるが、地元の教材は案外、地元の子どもも教師も気づいていないことの方が多い。

しかも、地域は逃げない。異動で教師が代わろうと、地域の特色を中心とした活動が根づいていれば、それをよりふくらませた活動が期待できるし、単元（主題）構成をしていく上でも、様々な例示課題を取り入れることが可能になってくる。

私が平成二二年に赴任した大分市立鶴崎小学校には、『鶴崎踊り』という、九州でも有名な夏祭りの踊りがある。地域には、「鶴崎踊り保存会」という団体があり、鶴崎小・中学校の児童・生徒のうち希望する者が、月に二回ほど公民館や小学校に集まり、練習をしている。

そして、夏休みには、全校児童、保護者、地域の人々が一体となって、鶴崎小のグラウンドで、

夏の一夜、華やかな太鼓や笛の音と共に踊るのである。これは、必ず教材になると思う。別に鶴崎踊りが上手になるとか、鶴崎の伝統を引き継いでいくことを最終目標としなくてもよい。「なぜ、鶴崎踊りが何百年もの間、歌い継がれ、踊り継がれることになったのか？」――その歴史と伝統を探るなかで、いろいろな人を訪ねたり、書物で調べたりという人とのかかわりが生まれやすい活動である。

そして、数人ではなく、対象学年全員が、調べてきたことを発表したり、鶴崎踊りを踊れるようになることで、この街の人間としての誇りがもてるようになる。教材としての、輝くばかりのダイヤモンドのような要素がちりばめられている気がしてならない。

●実践を通して考えたこと

『一年生となかよく秋を楽しもう』『お年寄りの知恵を借りて、楽しく竹の水鉄砲で遊ぼう』『ぐんぐん育てロシアヒマワリ』『江川と大在干潟の物知り博士になろう』『「ぞうれっしゃがやってきた」を心を込めて歌おう』等の私の実践のいくつかを紹介してきた。これらの実践に、何か私でしかできないような特殊性があるだろうか？　単に地域にある教材を「これだ！」と目をつけ、子どもと共に教材化していっただけである。

子どもと共に学習を進める中で、はたと立ち止まり、右往左往する場面もあった。思った以上に子どもが意欲的に活動して、私の想定していた以上の活動になった時もあった。生活科や総合的な学習では《活動を教師と子どもで共に紡いでいく》ということがよく言われる。

つまり、おおよその最終像を見据えながら、今できることを丁寧に実践していくことである。最後は立派な完成品に……という欲を張るのではなく、最後まで子どもの「○○をしたい」という意欲が持続する手だてを考え続けることだ。

そのためには、

- 活動の多様性が生まれそうな良質な教材の選択
- 子どもの活動意欲を高める言葉かけ
- 必然性のあるゲストティーチャーの招聘
- 教師自身が、子どもたちと共に総合的な学習を楽しむという姿勢

が必要である。

2 面白い生活科・総合的な学習を進めるために

(1)「何が育っているか」ではない、「何を育てようとしているか」だ

生活科の学習を進める上で何を大切にすべきか。

教科の学習である以上、最終的に行き着くところを明確にしなければならない。それは、『自立への基礎』をどう養っていくべきか、あるいは、養うために教師は何に留意しなければならないか、という点である。そのためには、

子どもの「〇〇をしたい、△△をやってみたい」という意欲を大切にすることだ。

そのことを大切にした上で、教材を選択するなり、指導計画を立ててみれば、自ずと生活科の目標に行き着こうとする子どもが増えてくる。要するに、生活科では、「活動・体験を通し、自

ら学ぶことは楽しいのだ」という思いを抱かせることが、『自立への基礎』につながるのだ。そのことを、私自身の実践を通して述べてみたい。

(2) 一年生『アサガオおしゃべり隊』の実践から
――入門期の一年生の生活科（合科・関連的な取り組み）

● 朝の会

一年生を受け持った六月半ばの朝の会。朝の会で話しつくせなかった子どもたちの話を聞くために、一時間目の国語の時間を使うこともしばしばあった。

「今日の朝、アサガオを見ていたら、つるの下の方は少し紫色をしていて、先になるにつれてだんだん黄緑色になっていたよ」
「つるの先っぽは、とんがって三つぐらいに分かれていて、触ったら少しネバネバしていたよ」
「アサガオの葉っぱは、きつねの顔みたいで、緑色ばかりじゃなくて、少し白っぽいスジみたいのが入っていました。そしてね、下の方の葉っぱは、少し黄色くなりかけていたよ」

「話したい」という子どもたちの気持ちを生かしながら、『話すということに関しての表現力を育てる』というねらいをもって指導した結果、入学後二か月ちょっとの一年生でも、この程度のことは話せるようになるのである。

低学年の国語科の指導の第一歩は、「聞く・話す」である。その教材として、毎日観察し、友だちの前で話し、それを聞くという教材としてのアサガオ育ては価値がある。

つまり、上手にきれいなアサガオの花を育てることがねらいなのではなくて、国語科と合科・関連的な扱いをすれば、生活科と国語科のそれぞれのよさを生かした学習ができるのではないかと考えた。

最近の一年生は、おとなしくなった。十四、五年前なら、一学期の間ぐらいは、担任を徹底的に手こずらせるようなサムライが三、四人いたものだが、保護者が言い聞かせるのか、幼稚園でのしつけがいいせいか、妙に聞き分けのいい子が多いのが、やりやすくもあり、寂しくもある。

しかし、その反対に一年生のうちから学級崩壊が起こるクラスもあると聞くから、いちがいに「今の子は……」という言葉だけで決めつけることができない何かがあるのかもしれない。

保護者か、担任か、それとも地域社会か、世情なのか、はたまた、本人が生まれもった性格によるものなのか、「これだ」と一つに理由を断定してしまうことはできないし、その怖さもあろう。

何はともあれ、入門期の一年生は、生活科を中心とした学習や活動にすべきだと思う。机のないオープンな幼稚園というスペースから飛び込んできた子どもたちである。何の必然性もなく、机上での学習、きまりを押しつけることから始めるから、そのうち飽きて手遊びや立ち歩きが始まる。

一人の子を注意している間に他の子の指導がおろそかになる。そして、ふと気がつくと「学級崩壊」という手の施しようのない状態に陥ってしまうのではないだろうか。

◎きちんとした姿勢で字を書いたり、挙手をする
◎正しい廊下歩行
◎学校の先生や施設名を正確に覚える
◎チャイムの合図をきちんと守る
◎先生の話を背筋を伸ばして聞く
◎友だちとなかよくする

などの集団生活を営む上でのルールは、短期間で、強制的に教え込むものではない。むしろ、あくまでも最終の目標として身につけさせていけばいいことであって、それぞれの個人差に配慮しながら育てていけばいいだけではないのか。私は、そう思っている。

短期間の強制的な指導から入ると、長続きするものではない。「なぜ、そうしなければいけないのか」という必要感を感じさせて指導することだ。事実、六年生になっても人の話が聞けない子がいるではないか、手遊びをする子がいるではないか、友だちを思いやれない子がいるではな

いか。

そういう育て方をしてしまった教師や学校の体制に、問題はなかったのか。「保護者が……」「社会が……」という前に私たち教師は、そのへんを真摯な気持ちで反省してみる必要はないだろうか。

●一年生は、生活そのものが探検

さて、生活科の話にもどることにする。どの教科書会社の最初のページにも『学校探検』が載っている。

探検とは、何か？

「未知なるものを探りあてる」ことが探検だとすれば、廊下で二列に並べて、静かに、「ここは○○よ」と教師が説明して回ることを探検といえるだろうか。

- ・登校途中にいろいろなものを見聞きする。
- ・学校に入ってから、いろいろなものを興味をもって見る
- ・あれはなんだろうと興味をもつ
- ・学校の中で担任以外の先生に興味を示す
- ・学校の中で友だちや上級生から情報を得る
- ・帰る道すがら、いろいろなものを見聞きし、自分の知識とする

つまり、一年生にとっては、目が覚めて学校に着くまで、そして家に帰り着くまで、すべてが『学校探検』なのだ。それを、たかが週三時間しかない生活科の授業の中に押し込めて、何がしかの成果を得ようとするのではなく、毎日のくらしの中で、一年生が話してみたいということを、時と場を選ばず、教師が聞く姿勢に徹することが、低学年の「話す」という表現力を高めることになりはしないだろうか。

学校探検は、一年間を通じて断続的に行うぐらいの気持ちで、鷹揚に構えておく方がよい。その証拠に、三学期になって「職員室ってどこなの。先生？」などと尋ねてくる子もいるぐらいだ。すなわち、その子にとって「職員室に行かなければならない」という必然性が出てきたからこそ教師に尋ねているのだ。

そうではなく、知りたいと思っていない時に「ここが職員室ですよ。先生がお仕事をするところなのよ」と教え込んだつもりでも、つもりになっているのは教師だけで、子どもに知識としては蓄積されていないのだ。私もそんな失敗をよくした。

では、一年生の生活科では、自立への基礎を養うために、何をすべきか。

一年生は、実によくおしゃべりをする。性格による差異こそあるが、起きて寝るまでしゃべっているのが、低学年の子どもの特徴である。中には、「騒がしい、秩序がない」という一言で片づけてしまう人もいるが、一日中黙って行儀のよい一年生がいたとしたら、そっちの方が心配になる。

一年生では、「話す」という表現方法をしっかり身につけさせること。そして、それを聞く態度を育てることである。

●子どもの話をよく聞く

私は、入学式の次の日から、こう子どもたちに投げかけてみる。

「明日から、学校に来る時や学校に来てから、見つけたことを何でも先生にお話ししてごらん。幼稚園やお家とはちがうところを見つけられた人が、『見つけ博士』だよ」

次の日からが大変である。教室に入った瞬間から「先生、○○を見つけたよ」と私を囲んで大騒ぎを始める。担任は、うなずきながら、黙って聞くだけでよい。ただし、決していい加減に聞いてはいけない。

一年生の目は鋭い。

「先生、あのね、園長先生（校長）が、車から降りる時に、つまずいてころびそうになったよ」

「先生、牛乳が給食室の前に置かれてあったよ。見張りがいないのに、誰か黙って持っていかないのかな」

「先生、プールの横のタンポポが綿毛になって、フワーってとんでたよ」

一番驚いたのが、次の発見である。

「先生、理科室に入って行ったら、骸骨がいたよ」

「えっ、理科室は鍵がかかっていていて入れないはずだよ」

「だって、ドアあいていたもん。はいったらねぇ、白い骸骨が、鉄の棒からぶらさがってたんだよ」

どうやら、前の日、担当の先生がウッカリ施錠し忘れたらしい。

入学したての一年生でも、これだけ話せるのである。ただし、時間と場所を限定してはいけない。「三時間目の生活のお勉強の時に聞かせてね」などと言おうものなら、それだけで話す意欲は失われていくし、三時間目には、別のことに興味・関心は移ってしまっている。話す意欲をなくすのと同時に、一時間もすれば、話す内容を忘れてしまっているのが一年生である。

私は、一年生を受け持つと、せめて五月の連休が始まるまでは朝早めに教室に行き、あるいは休み時間も、ちょっとした授業の合間も、《とにかく、子どもの話を聞く》ことに徹した。

学校に行く→話を聞いてくれる先生がいる→話せばほめてもらえる→だから、次の日も学校に行きたくなる……この繰り返しが、一年生の指導の第一歩である気がしてならない。

●アサガオで何をねらうか

一年生の国語の教科書を開くと、「くつ」「つくし」等の二、三文字が大きく書かれ、その絵がのっている。おそらく教師は、「これは（くつ）という字です」と言いながら、黒板に筆順正しく大きく「くつ」と書く。何度か言わせては、ノートに「くつ」と書く。中には、そのつどB５ぐらいのプリントに「く」や「つ」の書き順や言葉をなぞって練習できるようなものを宿題として出す教師もいる。

宿題で出すのならともかく、授業中まで正しい姿勢で丁寧に書くことを求めている。間違った方法とは思わないが、あまり強要しすぎるのも考えものである。

丁寧に書けた字にハナマルでもあげておけば保護者も「字を上手に丁寧に書けるようになった」などと錯覚を起こしたりする。錯覚とは、言いすぎかもしれないが、「単語を正確に」という書写指導から始めると、二語文、三語文の指導に入った時に、必ずひずみが出てくる。必然性、必要感を感じず覚えた単語は、助詞によってつながらないのだ。私たちの世代が受けた英語教育と同じように……。

単語の意味はわかるけれど、文章として読めない、書けない、話せない子どもを育ててしまう恐れがある。

コミュニケーション能力、すなわち生活科の中でいう表現力は、目に入った事実や体験を通して、素直に言葉で話すこと、そして、それを聞く姿勢を大切にすることから育て始めるべきではないだろうか。

そのために、とりあえず、アサガオを表現力を培う教材として扱うことにした。

△昔、理科で扱っていた教材といっしょで、昔の理科とまったく変わりがないのではないか。
△全国一律一斉アサガオでよいのか。

等々の批判がある。

どう教材化しようかという教師の思惑がないから、アサガオも単なる一植物として映ってしまうのではないだろうか？　アサガオを利用して、子どもたちにこんな力をつけてみたいと、教師のめざすところを明確にすることが大切である。

●種まきの話し合い

まず、種をどうまくかという話し合いから始める。

袋に入った種を見せながら、「これ、どうするの？」と聞くと、一斉に「植える」と言う。しかし、よく耳をそばだてて聞いてほしい。「植える」ではなく、「埋める」と答えている子が必ず何人かいるはずだ。聞き分ける教師の聞く力も必要になってくる。子どもは、真理に近いことを言っているのに、教師の既成概念が邪魔をして聞き落としたり、聞き間違えたりすることも多いものだ。

「アサガオの種を植える」は、日本語としておかしい。むしろ、行為そのものを見れば、「埋める」と言った子どもの方が正しいのだ。その子の発言を黒板に書き、大げさにほめてあげる。生活科では、このように、つぶやきに近いけれど、真理を言い当てている子どもにスポットライトを当てていくことを心がけることが大切だ。

「埋める深さは？」

「幼稚園の先生が、爪と同じ深さだって、言っていたよ」

「うん、じゃあそうしよう。それはそうと、いくつ種を埋めるの？」

この辺りから、子どもたちは大騒ぎを始める。

「一個がいい」「三個がいい」「五個全部埋める」と口々に言う。根拠は一年生なりにあるのだ。

「一個の方が、栄養がたくさんいくから、大きい花が咲く」

「三個ぐらいがちょうどいいって、お母さんが言っていた」

「たくさん埋めると間引きをしないと悪いからかわいそうだ」

「中には芽の出ない種もあるから、一応五個埋める。全部出たら、二つぐらいは抜いて持って帰ればいい」……

にもかかわらず、「一応、五個だけ植えて、その中で元気のいい芽を二、三個だけ残して後は間引きしましょう」。そう投げかける教師もいる。これは、明らかに教師の都合で言っているにすぎない。

自分がこうしたいという思いがかなわない活動に対して、子どもたちは、最初はおつきあいをするかもしれないが、決して長続きはしない。結局、最後は先生がお世話をしなければならないようなはめになる。

生活科の学習を進める中で、すべての判断を子どもに任せなさいと言っているのではない。そんなことをすれば、未体験なことも多く判断力・思考力の未熟な低学年の子どもたちは、右往左往してしまうばかりだ。

しかし、指導計画を立て、最終像を描いておくと、この部分は子どもに任せるべきだとか、ここは教師が積極的に出ていかなければ……というようなことが必ず見えてくる。

教育は意図的・計画的であるべきで、それは生活科とて同じことである。野放図な放任型の授業、教師がこうあるべきだと押しつけたような授業は、生活科・総合的な学習の時間にはそぐわない場合が多い。

●アサガオを中心とした国語科との関連的指導

朝の会で、希望者にどんどんアサガオについて話させることにした。観察したことを流暢に話せる子ども、ほんの少ししか話せない子ども、身振り手振りを交えて話せる子どもと、さまざまである。

「上手に話せる」ことを目的としていないのだから、とにかく「自分の言葉で話せた事実」のみを認め、ほめることに徹する。

するとと、子どもたちも、日を追うごとに「話したい」という希望者が増えてきた。子どもたちが話した言葉の中でよく出てきた言葉を、単語や文章として覚えさせていけばいいのである。

その際、字形や句読点等に、あまりこだわって指導しない。そのうちわかってくるものだし、そのへんをやかましく言いすぎると、書く意欲をなくしていく。書けたという事実をほめていけばいいのである。

「あさがお」「たね」「つち」「ふたばが、でたよ」「はっぱにくろいたねがついていたよ」などと、黒板に書いては、国語の時間を通して書き方の指導を丁寧に行っていった。子どもたちにとっては、意味もよくわからない言葉を機械的に視写させるより、自分が話した言葉が文字となり、それを書くことで覚えるといった活動の方が意欲的に喜んで取り組むのは言うまでもないことである。

これで「聞く・話す」という活動と、「書く」という活動が関連した指導ができ始めることになる。教科書に載っている単語や文を読ませたり、書かせたりする指導を否定しているのではない。「聞く・話す」ということと、「書く」という学習にいかに必然性をもたせるかが、大切だと言っているのである。

日々の生活の中で、直接体験し、感動し、話したことを言葉として書き表す喜びは、順番が最初から決められ徐々に書くことを義務づけられる授業と比較して、どちらが効果があるだろうか。

濁音、撥音、句読点等の指導は、そのつど指導することにして、まず「話したことが書けた」という喜びを優先させることが必要だと思う。

低学年の「表現」に関して言えば、「聞く↓話す」「書く」「絵で描く」「身体表現」等が考えられる。先述したアサガオの指導一つでこれらのすべてがクリアできるとは限らない。

むしろ、低学年の思考なり行動は点在しているのだから、アサガオのみに限定せず、その時育てている動植物や学校探検で見つけたことを話させてよい。要するに日々の生活の中での出来事を、自分の言葉で表現することが書く意欲につながればいいのではないだろうか。

低学年は、生活科の学習を中心として、他教科や道徳、特別活動との合科・関連的な取り組みができ、より学習の効果が上がるのではないだろうか。今、PISAの学力調査の結果から、指摘されている日本の子どもたちの学力の不足の部分は、『思考力・判断力・表現力』、言い換えれば『どう書こうか、何に焦点を絞って書こうか、どういう表現にしようか』と考える力が劣っていると指摘されているのだ。

その克服のためには、国語科だけの問題ではなくて、すべての教科を

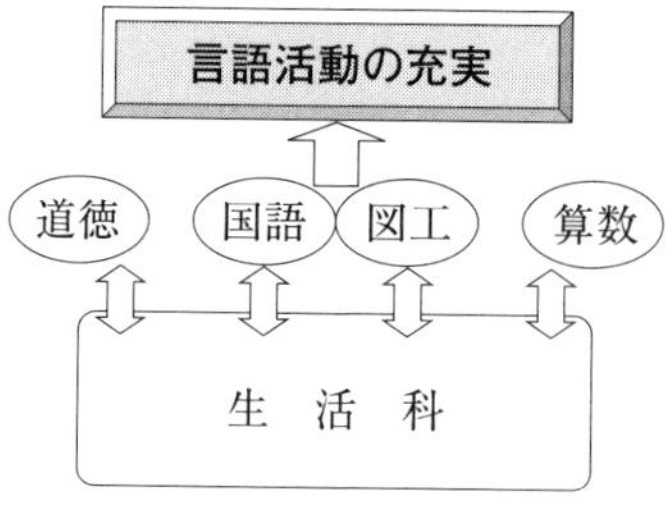

関連的に扱い、一つ一つの学習活動に必然性をもたせることから始めるのも一つの方法である。特に子どもたちは、体験を通して学んだことは、年月を経ても忘れない。反対に、無意味に強要されて詰め込まれた知識は、時がたてば忘れ去られてしまう。

今、大学入試センター試験の問題を、本書をお読みの先生方が解いたら、果たして何点とれるだろうか？　今、先生方が教師として支えになっている源は、詰め込まれた知識だけだろうか？

『生きる力』とは何か、について再度考え直してみる時期に来ているのではないだろうか。

●N子のお母さんの悩み

家庭訪問の時、N子のお母さんは、こんな悩みを打ち明けた。幼い時から、とにかく人前で話すのを嫌う。N子が家以外で話しているのを見聞きしたことがないと言うのである。お母さんは、「かん黙児」ではないかと心配していた。

私も気になって、さまざまな場面で話したいことを絵や文で書かせてみた。絵も一年生のレベルから見た時、かなり上手な部類に入るし、

先生あのね、きょうDくんと、私のアサガオがケンカしそうになりました。Dくんのアサガオのつるが、私につるにのびてきて、ずうずうしくまきついていました。これはいけないと思って、Dくんのアサガオのつるをそっとはずして、手が出せないようにとおくにハナシテきました。

それと、先生、アサガオがつるをのばしてきて、もうすぐ花がさくよっていったら、おじいちゃんが、アサガオは日なたより日かげにおいたほうがいいっていっていました。

書くことに関しても、これだけ素晴らしい能力をもっている。

「この子は、かん黙児などではない。むしろハイレベルな子だ」と確信をした。お母さんにも、すぐにこのことを伝え、「家庭で本人が話す内容のどこがいいのかを、とにかくほめてあげること」「人前で話すことを強要しないこと」を約束していただいた。

学校では、彼女の書く文章のどこがいいのかを拡大コピーして、他の子に説明した。表現には、「話す」「つぶやく」「書く」「描く」「身体表現」等、いろいろな手法があることも知らせた。

すると、N子も私との距離感が縮まったのか、休み時間に小声で私にいろいろなことを伝えてくるようになってきた。そのつど、大げさにうなずき、《話せたという事実》をほめるように努めた。

その次は、小グループの中で、N子が少しずつ話せるように意図的に指導を繰り返していった。すると、二学期の終わりには、いろいろな発表会の司会を自ら引き受け、見事にやり遂げた。授業中も、話す視点を明確に、実に流暢に話せるようになってきた。

ＰＴＡに参会に来た母親も、涙を流さんばかりに驚き喜んでいた。その子がもともともっている能力を信じて、段階に応じて根気よく指導し続けることの大切さを学んだ。

子どもの頭の中には、これが国語で、あれが道徳でという明確な線引きはない。教科を分けたり、日課表の枠組みに当てはめるのは、教師の思惑に過ぎない。生活科と各教科、道徳の中で、例えば《表現する力を育てる》ということをねらいの中心におけば、各教科、道徳で育てなければならない部分が必ず重複してくる。

生活科の時間に重複した部分を育てておいて、他教科・道徳の中で、特質に応じて、詳しく指導したり、反復学習を繰り返すことで、表現する力は身についていく。

小学校の教科というのは、ある部分が重なっていたり、関連性があったりするものである。重なった部分をうまく活用すれば、一人ひとりの子どもの個別指導の時間、評価し次のステップに向かう時間を捻出できる。

《日課表の弾力的運用》ということが、よく言われた。弾力的とは、単に教科を実施する時間帯を入れ替えることではない。実際四五分の授業を予定していても、早めに終わることもあれば、延長して行わなければならないこともある。

その日になって、あわてるのではなく、せめて週案を立てる際に、ここで、思う存分アサガオについて発表させたら、「話す」というねらいは達成したことにして、国語の時間では、その時期の一年生のねらいに即した「書く」という活動を入れようというように考えたり、不足の部分のある子どもを、個別にどう指導していくかということを常に考えておくべきである。

(3) M子から学んだこと

● 「渡邉先生の生活科は、ダイッキライ!」

わたしは、わたなべ先生のせいかつかがだいきらいです。どうしてかっていうと、かんじんなときになると、こわーいかおして「ああしたほうがいい」とか「こうしたほうがいい」とかいうからです。

だいたい、どうしてザリガニにすもうとかとらせないといけないの?

ザリガニって、いつもすいそうのそこにじーっとしているナマケモノなんですよ。それをひっぱりだしてすもうをとらせるなんて、おかしいでしょ。

M子

一年生の単元『生き物となかよしになろう』の公開研究会を控えていた六月。その当時の校長先生が、「君のクラスには、すばらしい子がいるね」とおっしゃった。続けて「教室に行って黒板を見てごらんよ」とおっしゃるのである。

行ってみると、右記のような言葉が綿々と黒板に書かれている。「いやぁ、すごいね。この子は。一年生にして、もう二語文、三語文が書けているじゃないか。それに助詞や句読点のつけ方も的確だ。たいしたもんだね」

その校長先生は、県下でも有名な国語の先生だった。

教室の中では、ミドリガメ、ザリガニ、ダンゴムシ、カナヘビ、バッタ等、さまざまな小動物が飼われていた。

ザリガニグループだったＭ子は、グループの友だちと話し合い、ザリガニの相撲場をダンボールや空き箱を利用して作り、そこでザリガニに相撲をとらせる計画を立てた。Ｍ子が、そこに至るまでの話し合いにどれくらい参加したのかは、正確に把握していなかった。小グループの話し合いは、気をつけておかないと、一人のせっかくのいい意見が集団の中に埋没し、単なるおつきあいに終わることも少なくない。

かえって大人数にした時の方が方向性がはっきり定まる時がある。しかし、小グループにした時は、Ｍ子のようにたまたまその場で、自分の思いや願いを言い出せずじまいで、不満がたまった状態のまま、仕方なく活動に入ってしまう子もいる。Ｍ子は、ザリガニは、水槽の中で飼う生き物であって、わざわざ外に出して相撲などとらせる必要はないと考えているし、ザリガニにとっては迷惑な話である。

つまり、「水生動物を飼育するとはどういうことか?」という真理をちゃんと見抜いている。それをグループの中で言い出せなかっただけの話である。

●真理を見抜く子どもの目

そのうっぷんがついに授業中に爆発した。相撲場を作っている最中のことである。ちょっとした友だちとの衝突がきっかけとなり、「だから、私、こんな図工はしたくなかったんだあ!」と叫んだ。

大勢お見えになっていた参会の先生方の間から、軽い失笑が起こった。「一人ひとりの思いや願いを大切に」と言いながら、その実は、M子がザリガニを使ってどう活動したいのかという思いなり、願いなりを私が把握しきれていなかったのである。

グループにしたまではよかったが、話し合う活動において、私がそのグループが何を中心に話し合い、どういう方向に進もうとしているか、的確なアドバイスや助言をしなかったがために、要するに強い意見を言う子どもに流された状態のまま、活動が進んでしまったのではないか。

また、M子の「こんな図工は……」という言葉にも表れているとおり、子どもたちにとっては教科の枠組みの中で、それらの目標なり内容を意識しながら活動しようとする気などさらさらない。

自分の「○○をしてみたい」という強い思いや願いに支えられ、楽しく追究できる時間や場を、教師が演出していくことこそ大切なのだ。

私は、M子のような子どもを「アウトロー」と呼ぶことにしている。「アウトロー」とは、「無法者、荒くれ者」と訳されるが、そうではなく、《教師に従順に簡単に従うのではなく、強い個性を発揮できる子》という意味である。後述するが、「アウトロー」の扱いには、苦労する。しかし、生活科、総合的な学習の時間の授業を通して、こういう子どもたちこそが、教師に本当のことを教えてくれるのである。

(4)　求められる教師の柔軟性

①　ねらいを動かす

《生活科の合科・関連的な取り組み》《M子から学んだこと》の中でも、教師の柔軟性なり臨機応変さが大切であることを述べてきた。

生活科にしろ、総合的な学習の時間にしろ、「○○はなぜだろうか?」「△△をしてみよう」という課題設定は、教師が位置づけてもいいし、むろん、子どもたちの間から生み出されることが理想でもある。

よく、『自ら学び、自ら考え、主体的に……』という総合的な学習の時間の目標の文言の一部に翻弄され、課題設定から授業構成まで、すべてを子ども任せにすべきだという方がいるが、私は反対である。

子どもが自主性なり主体性を発揮できるのは、ある程度の学習の見通しができた時、すなわち、それまでのさまざまな体験や学習から、未知より既知の事実が増えてきた時に初めて、自分が○○してみようとする気になるのではないだろうか。

キャッチボールもできない子どもにボールを与えて「さぁ、何かやってごらん」と言ったところで、子どもは右往左往するだけである。子どもが自主性なり主体性なりを発揮できるのは、基礎となる力のついた後であり、それまでは、指導者がある程度の道筋をつけ、見通しをもった指導をしていくべきである。例えば各教科の基礎・基本である「聞き方」「話し方」「書き方」をしっかりと身につけさせることが必要だ。

授業として構成していくならば、生活科・総合的な学習の時間と言えど、ある程度のねらい（最終像）を決め、どういう学習展開にしていくべきかは、教師がだいたいの構想をもっておくべきである。ある程度の土台や骨組みは教師がもっておいて、その中でどう活動するかは子どもに任せてみればよい。

その過程で子どもがやってみたいという自主性を発揮し始めた頃を見計らい、任せてみると、子どもは教師が期待した以上の活躍をすることがある。

教師が柔軟性をもち、臨機応変にねらいを動かす。

ということである。

教師は、指導案を一度書いてしまうと、それを忠実に実行しようとする習性がある。かつて、私もそうであった。指導案は、予定の案にすぎないわけだから、忠実に再現しようとすること自体、無理がある。事後研究会で指導案どおりいかなかった言い訳を必死にしようとする教師さえいる。それよりは、なぜそうなったのかを討議の柱とすべきである。

指導案どおりいかない授業の方がおもしろい。私などうまくいかないことだらけで、その時に常に考えることは、「自分は、この授業を通して、この子たちにどういう力をつけるのだろう」ということを、瞬時に思い起こしたり、振り返ったりしてみて、次の手、またその次の手を打つようにしている。

一番いいのは、ありとあらゆる指導のスペア（方法）を用意するにこしたことはないが、生活科や総合的な学習の場合、そのスペアが機能しないことの方が多い。活動主体の授業ならではの特徴であるのだから、参会者もそのへんを差し引いて見るべきだし、最終的には柔軟な教師の対応力があるか否かにかかってくる。

②『トムソーヤになってプールでなかよく遊ぼう』の実践から

●ねらいを動かすことの大切さを学んだ実践

「ねらいを動かす」ことの大切さを学んだのが、この二年生の生活科の実践であった。『トムソーヤの冒険』というビデオを見た子どもたちは、トムソーヤが数々試みた冒険の中の、いかだ作りに目をつけた。自分たちも、自力でいかだを作って、プールで遊んでみたいと言い出した。いかだ作りについて、自ら図書館で調べ始める子も出てきた。子どもが自主的に動き始めたと見たので、思い切って材料集めは子どもたちに任せ、必要とする用具はある程度こちらで用意した。

子どもたちはグループに分かれて、

- ・竹を組み合わせて、ペットボトルを貼りつけて作るもの
- ・ペットボトルのみをガムテープで貼り合わせて作ろうとしたもの
- ・牛乳パックを組み合わせて作ろうとしたもの
- ・木の板を釘で打ったり、発泡スチロールの箱を貼りつけたもの
- ・空き缶を何百個も集めて作ろうとしたもの

と、グループ成員同士でさまざまな工夫をして、作り始めた。

どのグループのいかだもやはり二年生が作ったものである。すぐに壊れた。しかし、子どもたちは簡単にはあきらめない。もう一度、よく浮かぶ船を作るために、作り直しの活動に入った。ただ作るだけではなく、水に浮かべて遊べるという魅力があったからであろう。

そんな中、こんなグループの子どもたちもいた。どこから聞きつけたのか、近所の電気屋さんから、大型冷蔵庫を梱包していた、畳一畳以上ある厚めの発泡スチロール板を二枚持ってきて、それをガムテープで貼り合わせてあっという間に作ってしまったのである。

他のグループの子どもたちがさまざまな試行錯誤をしている最中、このグループの子どもたちももう少し、涙ぐましいまでの工夫をしてほしかった。

自分たちが感じた障壁を乗り越えた成功体験の繰り返しこそが、《自立への基礎》につながるものだと思っていたし、そういう苦労もさせるべきだと考えていた。

だから、このグループのように、もらった発泡スチロール板を二枚貼り合わせただけの、苦労を伴わないものを作ることを、許していいものかどうか迷った。いっそのこと、「君たちも、少しは苦労して考え直して、皆でいいものを作ってみなさい」と、指示をしようかとも思った。

しかし、この単元のねらいである「友だちと知恵を出し合って、水に浮かべて遊ぶいかだを作る……」を考えた時、知恵の出し方はいかに稚拙であろうと、この子たちなりに、浮かぶいかだ作りを真剣に考え出したあげくの発泡スチロール板二枚を選択したのだとしたら、それを否定する理由は、どこにもない。

浮くいかだを作るには、という真理を見抜き、発泡スチロール板二枚を選択したのだとしたら、この子どもたちの考えを生かしてあげるべきではないかと考えた。

● 本当の「困り」が、子ども自らを動かす

このいかだは、他のグループよりいち早く完成し、一番長持ちした。子どもたちは、大はしゃぎであった。ところが、途中で困ったことが起こった。二、三人の子どもたちが乗って遊ぶ時はいいのだが、それ以上の人数が乗ると、板に浸水してきていかだが沈みそうになるのである。「困り」を感じた子どもたちは、板のへりに牛乳パックを貼りつけて浸水を防ぐことを考えついた。結局その後、浸水もなく、

五人が乗っても沈まないいかだが完成し、十分に楽しむことができた。

この場合は、ねらいを動かすというよりも、ねらいを拡大解釈しながら、少しでも子ども一人ひとりの考えを生かしながら連続した活動に結びつけていった事例の一つである。

国語や算数と違い、生活科や総合的な学習の時間の目標は、到達的（○○まで行き着く）ではない。むしろ、向上的であり、終わる段階で子どものもっと「○○したい」が広がりを見せることが理想である。

だとすれば、授業において、教師が勝手に決めたねらいの範疇に、子どもをおしこめることなく、子どものやってみたい気持ちを最大限生かせる授業を心がけたい。

③『みんなでなかよく竹馬ダンスを創ろう』の実践から

「先生、エグザイルの曲で竹馬ダンスを創っていい？」

二年生の快活なH子が、休み時間に突然、尋ねてきた。「えっ？　エグザイルって何？」「先生、知らないの？　『チューチュートレイン』っていう、今、チョーはやっている曲があるのよ」

そんな会話の後、「チューチュートレイン」のCDを持ってこさせて聞いてみた。これは、テンポが速すぎて竹馬ダンスに合わせる曲としては無理ではないかというのが、第一印象であった。エグザイル（ＥＸＩＬＥ）は、若者に人気のある男性グループである。

別府市立緑丘小学校に勤務していた最初の年に、二年生を受け持った。別府は、教材の宝庫である。竹・温泉・明治大正時代の建物・著名な偉人等、生活科や総合的な学習にとっては、見渡す限りの教材の宝庫であった。

二年生の年間指導計画を立てる際、地域教材をぜひ取り入れようと、「竹を使って作り、遊ぶ活動」（内容⑥）を二か所組み込んだ。一学期は、竹の水鉄砲、二学期は、竹馬リレー・竹馬ダンスを取り込むことにした。

私にとって幸運だったことは、緑丘小から二〇〇メートルほど離れたところに、古くからなじみの「井上竹芸舎（竹の工芸店）」があったことである。大分大学附属小学校勤務時代から、十数年のつきあいになる。

ここの社長こそ、職人と呼ぶにふさわしい方で、竹の水鉄砲や、竹馬もその学年の身の丈に応じた物を作ってくれる。小学生が組み立てやすいような工夫もしてくださる。数人の保護者のお手伝いを願っただけで、簡単で丈夫な竹馬が完成した。

完成したと同時に、子どもたちは乗り始める。五〇人中、最初から乗りこなせる子どもは、わずか数名であった。後の子どもたちは、乗っては落ちるを繰り返す。けれどやめようとはしない。子どもの遊びというのは、最初からできてしまっては、すぐに飽きてしまう。「できるかな？できないかな？」という不安定感が、楽しさを増加させ、活動を連続させる源となる。

●子どもたち同士がかかわるとは？

中休みや昼休みも、自主的な子どもたちの竹馬練習は続いた。一人の子どもが竹馬の乗り方を会得すると、数人の子が集まって教えてもらおうとする。歩けるようになると、得意げに二年生らしい言葉で相手に伝えようとする。

生活科は、《かかわりの教科》と呼ばれる。自分たちが必要感を感じ、教えたり教えてもらおうとする、すなわち心の中の矢印（ベクトル）が行きつ戻りするの状態をさして、「かかわっている状態」と言っていいのではないだろうか。

さて、いよいよエグザイルの「チューチュートレイン」をクラスの子どもたちに提案させる時である。H子を中心とした五人ぐらいのグループの子どもたちに、提案発表をするための練習をさせてみた。

驚いたことに、テンポが速すぎると思ったこの曲に、竹馬のステップを自在に加え、どうしても無理な時は、竹馬をきちんと円形に置いて、自分たち自身が踊ったり、竹馬から下り、竹馬を持ったまま、そのダンスを試みたりして、見事に踊りきったのである。子どもの発想と柔軟な体の動きに、こちらの方が驚かされた。

そのダンスを見せた他の子どもたちには、「技の工夫は習って取り入れていいけど、絶対そっくりそのままのモノマネをしたらだめだよ。自分たちらしい、H子さんグループより、いい動きを取り入れたダンスを作ってごらん」。そう言うと子どもたちは、大喜びで自分たちの工夫を取り入れながら、全部で一〇のグループが一〇通り違うエグザイル竹馬ダンスを工夫しながら創り上げた。

一週間の部分練習や全体練習を経て、竹馬リレーと共に、三月初旬、菜の花の咲き誇る運動場で保護者の前で発表し、喝采を浴びた。どの保護者も、二年生が、しかも全員ここまでできるとはと、感嘆の声をあげた。

『子どもの可能性』ということを、私たち教師はよく口にする。しかし、日頃の実践をふりかえってみた時、「〇年生だからここまで」と、勝手な線引きをし、勝手に定めたねらいの範疇で子どもを見て、評価してしまうことはないだろうか。子どもは、面白い教材には、飛びつき、自力解決しようとする力をもともともっているのではないか。

子どもが意欲的に向上しようとした時、教師はちょっと後押し（支援や援助）を行えば、子どもはもともともっている伸びようとする力で向上していくのではないだろうか。

ねらいを動かす実践として、ねらいを超えるような子どもを育てるためには、「先生、やりたい！」「よし、やってごらん」という、担任と子どもの信頼関係あふれる心の結びつきこそ大切になってくるような気がしてならない。

(5) 教材開発への情熱

最近、各学校の校長先生が掲げる学校教育目標を具現化する指導の重点の中に、必ずといっていいほど盛り込まれているのが、『誰もが行きたくなる学校』である。

近年の調査結果によれば不登校児童・生徒数は年々増加傾向にあり、加えて保健室登校、教室に入りたがらない子どもを含めるとその倍近くになるという。また、校内暴力の数も増え続ける傾向にあると聞く。

『学力向上』以前の問題として、学校で自分の居場所を見つけることができない子どもが増加しつつあるというわけである。「子どもが荒れる」原因は、学校教育ばかりではない。さまざまな要因が起因していることであろう。

では、学校教育の中でできることの第一は、なんだろうか？　面白く楽しい授業を子どもたちに供給することだ。そういう意識に教師がなっただけでも子どもたちは変わってくる。

教科学習には、それぞれの特質に応じた楽しさ、面白さがある。教材研究をしっかりすることによって、それは倍増し、教えている方も面白くなってくる経験は、教師なら誰もが経験していることである。

ところが、教材開発になると、過去の実践もないし、指導書があるわけでなし、他人の授業を追試することもできない。「煩雑さ」の方が先に立ってしまい敬遠されがちになる。

ある時、生活科や総合的な学習をあしざまに言う人がいたので、「先生は、どんな実践をされていて、どこが悪いからつまらない、面白くないと言っているのですか?」と聞いたことがある。さしたる実践も理由もないのである。「学校現場は忙しい。それでなくても大変なのに、教材開発などする暇があるか」というわけである。

これでは、生活科や総合的な学習を批判する根拠にはなっていないし、どうせ批判をするのならもう少し論理的に根拠のある批判をしていただきたい。後から人づてに聞いた話だが、その先生は、国語や算数の授業もさして熱心にはやっておらず、すこぶる子どもや保護者からの評判もよくないと聞いた。

これは極端な例なのかもしれないが、教材開発をなんやかんやと理屈をつけて批判する先生は、その《面白さ》がわかっていないからではないかと思う。一度、その面白さを味わうとやみつきになるはずなのだが……。

私の場合で述べてみる。別府市で二年生を受け持った時の竹を教材にした実践は先述した。例えば、竹を教材化するには次の点に留意した。

①竹を使ってどんな活動ができるか、竹とはどういう植物なのかを徹底して調べ上げる（「竹博士」をめざす）
②学習指導要領を読み、どの内容に当たるのかを確認する（学習指導要領にのっとっていなければ、個人の趣味の範疇でしかなく、公教育の中では認められない）。
③竹でどんな活動を構成し、最終的にはどういう子どもをめざすのかを明確にする。
④単元（題材）計画を立てる。どんな出合わせ方をして、どの部分で試行錯誤させて、子どもの困りに教師としてどう対応するかを描いておく。
⑤評価をどうするか、それを指導にどう結びつけるかを考えておく。

たったこれだけの話である。これを面倒くさいと思うのなら、話はそれまでだ。「情熱」と大げさに書いてしまったが、もっと軽い気持ちで、軽いフットワークで、まずは地域にダイヤモンドの原石がころがってないかを探してほしい。

公民館に出向くなり、地域に古くから在住している方に電話でお尋ねするなり、学校の沿革誌をひもとくなり、方法はいくらでもある。

(6)「アウトロー」を大切にする

●子どもは、真理を見抜く

「M子から学んだこと」で書いたが、悪い子をさして「アウトロー」と言っているのではない。私自身、この「アウトロー」、すなわち職員室でよく話題にのぼるような子どもに何度生活科教師として、学ばせてもらったかわからない。思い起こしてみれば、なつかしさと共に感謝の気持ちでいっぱいであるし、あの時もっとこうしてあげればよかったと後悔の念にかられることすらある。

二九年間の教職生活で、一年生は七回、二年生は五回受け持った。教室を立ち歩く子、飛び出ていなくなる子、手遊びばかりする子、生活科の時間は楽しそうなのだが、とっぴょうしもないことをする子と、さまざまいた。

最初の頃は、どう扱っていいのかわからず、右往左往するか、叱ってばかりだった私が、これだけの回数、低学年を受け持つと、こういう子がクラスにいると、逆に「しめた！」と思えるようになってきた。

立ち歩く子も、廊下に飛び出る子も、幼稚園というオープンスペースから急に四角四面の教室に押し込められて、その窮屈さから正当な主張をしているだけで、時がたてば落ち着いてくる。とっぴな行動をする子も、何か抱えた背景があってのことで、それさえわかれば対処法はいくらでもある。

いけないことは、保護者や幼稚園教育のせいにして、教師が逃げの姿勢になることだ。保護者にしろ、幼稚園の教師にしろ、子どもを悪くしようとして育てているはずはないではないか。小学校教師は、そのへんをふまえて、冷静に子育てをしていくべきだと思う。

紹介したM子は、自己主張の激しい子だった。物事に固執すると、それを解決するまで決して妥協しない子でもあった。その子は今、東京大学の大学院で研究にいそしむ毎日を送っている。

●長い目で見る

反対にこんな子もいた。私が指導要録の生活科の観点別評価のどの観点もC評価としたT男である。生活科を始めて五、六年たっていたから、そう私の目に狂いもなかったはずである。

とにかくT男は、低学年ならたいがい好みそうな生活科の学習にのってこない。作って遊ぶ時も、どんな働きかけをしても、一人遊びを続ける。カードも描かなければ、話すことも自分に関する最低限度のことしか言わない。

単元ごとにあの手この手でT君を誘い込もうとするが、のってこない。さまざまな植物や農作物も育てていたが、水やりも言われて面倒くさそうにする程度である。「やれやれ、こういう子もいるのだ」とあきらめ気分で指導要録にオールCをつけた。

ところが、T男を受け持ち終わった春休み、幼稚園の先生から驚いた声で電話がかかってきた。なんでも、一人で出身幼稚園を訪ねたT男は、幼稚園児と先生が初夏にかけての植物の苗植えをしている場面に行き合ったそうだ。

すると、幼稚園時代も寡黙だったT男が、急に饒舌になり、苗の名前から、植え方、肥料の与え方を事細かに園児に教え始めたというのである。

そして、幼稚園の先生が、T男に「花を上手に育てるコツはなぁに?」と尋ねると、「うん、特別にこれってないんだけどさぁ、花を育てることは心を分けることなんだよ」――そう言ったという。「誰に習ったの?」と聞くと、「渡邉先生に習った」と言ったという。

むろん、私はそんなことを言った覚えもないし、T男の扱いにはホトホト困り果てていたぐらいだった。再び、「アウトロー」が素晴らしいことを私に教えてくれた。そう思った。子どもは、声や表情に出さずとも、心の中で問い続けていることは必ずあるのだ。

表現の仕方は子どもそれぞれであるし、時と場を選ばない。また、子どもの、特に低学年の成長の様子は、丁寧に長い目で見取ってやらなければならないものだと思った。それからあわてて指導要録を引っ張り出し、「気づき」や「思考・表現」の部分を砂消しで丁寧に消し、Aと書き換えた。それから半年後、T男は、お父さんの転勤で東京の学校に転校していった。

生活科で低学年を受け持つたびに、あのT男のクリッとした大きな目を思い出している。

(7) 生活科・総合的な学習の時間の評価

●観点から子ども像を描く

評価、評価という前に私たちは、評価するに値する授業をしているだろうか？　教科書の挿絵を真似ただけの活動意図の見えない授業、他校の実践をそっくり真似た授業、ゲストティーチャーに完全に任せた授業等々、子どもが喜んでいるように見えて、その実は価値のない授業をしていたとしたら、評価することはできない。

生活科の場合は、評価の観点（目のつけどころ・評価の視点）が示されている。指導要録や通知表から見てみると、『生活への関心・意欲・態度』『活動や体験についての思考・表現』『身近な環境や自分についての気付き』があげられている。

しかし、この観点の文言では、さっぱり具体像が浮かばない。関心・意欲とは？　思考・表現とは？　気付きとは？　それを具体的な子どもの姿として想定しておくことが大切だし、それは、単元によっても若干の違いを見せてくる。

例えば「アサガオ育て」と「学校探検」では、『関心・意欲の度合い』も違ってくる。『思考・

表現』の目のつけどころも変わってくる。その子どもの具体像をめざして、充足しているのか否かを決めていくといい。例えば次のように。

《アサガオ育て》
（関心・意欲・態度）アサガオのお世話を自主的にしようとしている。
（思考・表現）アサガオの成長で不思議に思ったことをなぜかと考えたり、発表できたり、絵で描いたりできる。
（気付き）アサガオの観察で発見したことを自分なりに表現でき、自分にできるアサガオのお世話を工夫することができる。

《学校探検》
（関心・意欲・態度）学校の人・物・施設に興味をもつ。
（思考・表現）学校探検で起こったり、感じた問題を考えることができる。
（気付き）学校の人や・施設・ものの存在とその役割を知ろうとしている。

こういう具体的な姿を描いた上で評価していくのがよいと思う。一時、生活科や総合的な学習の時間に、評価基準や評価規準は必要かという論議がなされたが、学習である以上、やはり必要であろう。

ただし、指導書や参考書に載っている基準や規準は、一般的に書かれたものにすぎない。特に生活科や総合的な学習の時間は、学校や地域の実態によって単元構成がなされていることが多いわけだから、柔軟にそれらを自分の言葉に置き換えてみる必要があろう。

その場合、単元ごとにこと細かく書き記していったり、ポートフォリオ的に、子どもが書いた作品や絵をストックしていって、後にそれらを総合評価する手法がある。しかし、手法は手法なのであって、それをいくつも駆使したから完璧な評価活動ができるかというと、そうでもない。それこそ、評価のための評価活動になってしまい、本来生活科の命である体験や活動がおろそかになってしまう恐れがある。要は、

自分に一番合った評価方法を一つ選択することだ。

私は、このような方法を試みた。生活科の一時間の授業ごとに評価をするといっても無理がある。カードや絵や文を書かせるといったって、どうしてもそういう能力にたけている子によい評価が偏りがちになる。上手な絵が描けるということは、生活科の教育、特に評価の観点から見れば、その対象にはならない。

だから、単元が終わるたびに顕著な事例だけを座席表に書き込むようにした。すると、ある一定の子どもばかりの欄がたくさんの言葉で埋まり、中に全く書き込みのない子がけっこういるこ

とに気づく。要するに見ているようで、見ていないのだ。

だから、次の単元では見ていなかったその子を中心に見ていくようにする。それを学期末・学年末になって、総合的に評価すればいいのではないだろうか。

総合的な学習の時間の評価とて同じことである。これは、各校独自で「観点」を創り出さなければならないから、大変といえば大変である。しかし、これも子どもを出発点としてほしい。「我が校の子どもたちにはいったいどういう力が不足しているのか」という点から、どんな力をつけるべきなのかをしっかりと論議してほしい。

コミュニケーション能力なのか、情報収集力なのか、表現力なのか、問題解決能力なのか等のことをまず明確にすべきである。その上に立って、教材を選択し、指導計画を立てるべきである。

総合的な学習の時間は、評価を文章で書くことが要求されている。一番よくないのは、活動の概要を書くことだ。例えば、

> ×　江川の水の汚れを友だちと協力して、ｐＨ検査をして調べることができました。

これを読んだ保護者は、「やったことはわかったんだけど、その中でうちの子どものよさはいったい何なんだろう？　これは誰でもできることなんじゃないの？」と懸念を抱くことになりはしないだろうか。

例えば、その学校が評価の観点として『問題解決力』を掲げていたとする。ならば四年生として期待する子ども像を「江川の水の汚れ方をさまざまな方法で調べることができる。調べたことについて疑問に思ったことを人に聞いたり、インターネットや図鑑などの資料を活用して調べることができる。調べてわかったことをわかりやすく他の友だちに伝えることができる」というように仮に置く。

そして、生活科と同じ評価手法を用い、『問題解決力』に関してのその子ならではのよさを簡単に書きとめておくようにする。それを学期末に総合的に判断して、

○江川の上流と下流の違いをpH試験のわずかな色の変化から気づき、その汚れの違いが、家庭から排出される汚水によるものだということに気づきました。
○江川の観察を通し、汚れの原因は、汚水だけではなく、不法廃棄物によるところも大きいことに気づき、解決策について、グループの友だちと真剣に討議することができました。

このような書き方をすれば、保護者も納得するであろうし、子どもにとっても、先生はちゃんと私のことを見ていてくださっているんだという信頼関係にもつながるのではないだろうか。

●実践をする上での評価

これまで書いてきたことは、通知表・指導要録に関する評価のことである。私は、それらのこ

とは、最終的に教師が判断すればいいことであって、大切なことは普段の授業の中での評価だ。評価とは本来、子どもたちの学習や活動を価値づけることである。子どもが学習の価値を感じる上で、『教師の言葉かけ』は大きい。私は生活科でも総合的な学習でも、子どもたちへの最大の評価を伝える言葉かけとして、次の三つで通してきた。

☆「ほぅー」（大げさに感心してみせる。子どもは認められたと思う）
☆「へぇー」（驚いてみせる。子どもは自分のやっていることに新たな関心を寄せる）
☆「ふーん、なるほど」（納得してみせる。子どもはこれで自信をもつ）

よほど、ねらいからはずれた活動をしていた場合は、軌道修正もありうるが、たいがいはこの三つの言葉かけで、子どもの活動意欲は増す。他教科と違い、生活科や総合的な学習の時間に確固たる正解はない。

むしろ、探究活動を意欲的にするというプロセスに比重を置くべきで、その時の評価は子どもが何かしようとしていることを《認め、ほめる》ことである。

生活科は、さまざまな活動が結局は自分にもどってこなければならない。つまり、自分の存在感をしっかり感じ、「僕も捨てたもんじゃないんだな。やればできるんだな」という誇りをもたせなければいけない。

総合的な学習の時間は、「自分探しの旅」と形容されるように、自分が学んだという事実をしっかりと認識し、自己のものの見方・考え方（生き方）の変容まで求められる。

だとすれば、その過程の中で、まず教師からその存在を認められること、友だちから認められることを評価の第一歩としなければならないと考えるが、いかがであろうか。

もらったテストで八〇点だ、七〇点だと結果をつきつけることも自分の実力を知る上での一つのめやすとなる。

しかし、生活科・総合的な学習の時間では意欲的にやろうとしていることを、結果はさておき、ほめ、認めることである。点数による評価オンリーでは、子どもは居場所や意欲を失ってしまうのである。

(8) 生活科・総合的な学習の時間で言えること

後述するが、生活科と総合的な学習の時間は、「似ているが、少し違う」というところが、本当のところである。生活科は、学習指導要領を見ればわかるとおり、「内容」が決められている。内容の文言に若干の抽象性はあるものの、定められた九項目から大きく逸脱することはできない。ただ、他の教科に比べ、若干の柔軟性と幅はもたせている。

その中で育てなければならないのは、何度も言うが『意欲』だ。つまり、「勉強をすることは楽しいんだ」ということを、徹底して味わわせなければならない。そうはいっても、低学年というのは、幼稚園から入学してきたばかりで、座学での学習にまだなじめない。それで、生活科という体験から学ぶ新教科が誕生したのである。

総合的な学習の時間の場合は、「思考力・判断力・表現力」が、日本の子どもたちにはやや不足しているということが、長年言われ続けていた。これらの力を養うには、一つの教科はもちろんのこと、学習意欲に基づいて、これまでの既知の事実を駆使しながら、多方面から考えたり、判断したり、自分らしい手法で表現していくことが必要であるということが指摘され続けてきた。

実際、机上で考えるだけでなく、体験を通して実感をともなった活動の中で学ぶ重要性がことさら強く訴えられてきた。私たち自身が、自分を振り返ってみてわかるように、意欲に基づいて『なすことによって学んだこと』は忘れない。

しかし、必然性や必要感を感じることもなく、ただ教え込まれた知識や技能は、いずれ時がたてば忘れ去られていく。

そんな今までの詰め込み主義の教育の反省に立って、生活科からその考え方がつながる『総合的な学習の時間』が誕生したわけである。

◎学習意欲をいかにして育てるか
◎自ら学び考える力をどう育てていくか
◎創造力（自力でクリエイトしていく力）をどう育てるか

これは、生活科、総合的な学習の時間に課せられた大きな命題である。

これまでは、私自身の生の実践を通し、生活科や総合的な学習の時間の面白さ、楽しさ、留意点等を伝えてきた。しかし、私にしてもいつもこういった実践が日常的にできているわけではない。成功することより失敗することの方が多い。でも、「どうなるかわからない」けれど、子どもたちと一つのことにチャレンジしていくワクワク感はある。

文部科学省も、総合的な学習の時間が充実している学校は、学力面でも大きな成果をあげていることを認めている。しかし、そうでない学校も少なくないことを、データ上からきちんと把握しているようだ。では、なぜこのすばらしい教育が根を張り、発展していかないのか。それは、総合的な学習の時間の授業を構成することを難しいと感じ、敬遠してしまう教師が多いからではないか。そこで、次節では、授業構成のあり方やそのポイントを中心に述べていくことにする。

3 自分の宝になる授業の創り方

《人から見られる授業を積極的に引き受ける》ということである。校内研究会、教育実習生の前での授業、公開研究会と、機会はいくらでもある。私の場合には、大分大学附属小学校に行く前、毎年のように、いろいろな教科の授業を引き受けた。また、附属小に行ってからは、新人の提案授業に始まり、公開研究会での授業、教育実習生への模範授業、個人研究発表での提案授業と、数え切れないほどの提案授業もしたし、人の授業も見せてもらった。

附属小というのは、ご存じのとおり、「研究学校」であるから、おいそれといい加減な提案はできない。指導案審議だけで十回は行われ、そのつどあそこが悪い、ここはどうなっているのかと、徹底して叩かれるのである。

個人研究発表など、二五人いた教官全員から授業を見られ、徹底して叩かれるのだから、終わった時点では、魂の抜け殻のようになってしまっていた。これだけ自分には教師として力がなかったのかと、六年間在籍して思い知らされるのである。

公立校に赴任してからも、生活科や総合的な学習の授業は学年の先生方と共に積極的に行った。なかなか理念を理解してもらえないもどかしさはあったが、総合的な学習の時間導入の時期でもあっただけに、とにかくがむしゃらに頑張った記憶がある。

平成一七年度一〇月には、畑違いではあったが、大分市立明野東小学校において全国小学校道徳教育研究会の大会開催校として、研究主任、提案授業、研究発表を行った。この頃になると、研究授業をすることとは、大変さも感じたが、嬉しさ・楽しさもあった。

本稿で紹介した実践の数々、得た知識は、自ら引き受けて行った研究授業から得たものである。確かに研究授業を引き受けると苦しさや痛みも伴う。しかし、指導者・参会者から受けた批正が自分のこやしとなると同時に、人の話を聞いていても、この人は実践に基づいた真理を述べようとしているのか、単なる聞きかじりというか、机上で学んだことを言おうとしているのかまで区別がつくようになった。実践なくして自分の理論など構築できないし、ましてや宝とする授業などできるはずはない。

(1) 経験年数のあるなしではない。問題はやる気

最近、若い先生方の授業を見ていて、自分の腕が落ちてきているのではないかという気がする。

しかも、生活科や総合的な学習の時間の授業を見ていて……である。指導案の書きぶり、ポイントをおさえた支援・援助は今ひとつかな……と思う場面はあるにはあるが、それは経験年数、授業回数を経れば解決することである。

かつて先輩から、「おまえにしかできない『渡邉生活科・総合』の授業を創れ！」ということをよく言われた。《新しい教材開発をする》《自分らしさの出る授業をする》という視点から考えると、先輩のアドバイスの意味もよくわかるし、その言葉に燃えた時期もあった。

けれど、自分ではよかれと思った授業でも、参会者から見ると「追試しようがない」とか、「渡邉先生だからできるんであって……」などと、辛口のアドバイスをいただくこともあった。

●「誰でもできる生活科・総合的な学習の授業」をめざして

それを機会に、自分の独自性を発揮し、授業そのものをクリエイトすることも大事だが、どの先生が見ても、「やってみたい」「真似してみたい」という授業をすることも大切であり、わかりやすい学習の道筋を提案することの大切さも考え始めた。

別府市の学校に勤務していた時、こんな総合的な学習の時間の授業のお手伝いをした。共に創った指導計画に沿って授業をしてくださった同僚に感謝している。

五年生の『幼稚園のみんなとなかよくなろう』という授業である。生活科や総合的な学習の時間の指導計画は、事細かに作る必要はない。むしろ、ある程度の幅をもたせ、おおざっぱな指導計画を立てておいた方が、子どもの出方に柔軟に対応できるよさがある。
次のような計画を立ててみた。

〈幼稚園のみんなとなかよくなろう〉…いっしょに遊んでみる

←

※どんなことができそうかな？

← Ⓐ　**考えるⅠ**

〈自分のしたい活動を決めよう〉

← Ⓑ　**考えるⅡ**

※どうすれば、幼稚園のみんなが喜んでくれるかな？

Ⓐ　Ⓑ　Ⓒ　Ⓓ　Ⓔ　Ⓕ　**比較**

〈ふれあいの会をしよう〉

（学校紹介）（ゲーム）（紙芝居）（お店）（おもちゃランド）　**分類**

〈自分たちの活動をふりかえろう〉　**関連づけ**

総合的な学習の時間や生活科は、活動主体の学習ではあるが、そればかりでもいけない。活動の合間に《ふと立ち止まり考える時間ⅠⅡ》《比べたり（比較）、分けて考える（分類）部分》を意図的に設けるべきだ。

体験や活動をさせておけば、確かに子どもたちは、「楽しかった」と言う。しかし、それは「学習をして楽しかった」と言っているのではない。「体を使って動けたことが楽しかった」と言っているのにすぎない。

活動や体験をする前に、その意義・目的について考えさせる、活動途中で考えさせる、そして振り返る部分で考えさせるという、学習場面を想定しておかないと、子どもの見方・考え方は変わらない。

前述した「幼稚園のみんなとなかよくなろう」の学習では、最初は「幼稚園生なんだから、優しく遊んであげさえすればいいんだ」と考えていた子どもたちの見方・考え方が、最終的には「幼稚園生といえども、かかわって遊ぶのは大変だ。相手の気持ちをよく考えて接していかないと、上手に遊んであげることはできない」と変わった。

つまり、体験や活動をして学んだことで、子どもたちのそれまでの見方・考え方になんらかの変容を見せなければならない。それが、小・中・高校を通した総合的な学習の時間の目標である「……自己の生き方を考えることができるようにする」ということにつながることになる。

何のためにこの活動をしているのかという見通しをもたせる、ねらいは何なのかと常に教師がふりかえってみる。最終的に子どもをどう育てたいのかという強い願いをもって指導にあたると共に、総合的な学習の時間では、どの部分で子どもたちに頭を使って考えさせるのかということを想定しておかないとだめだ。

こういう授業の進め方は若いうちに会得しておいた方がよい。私のような年齢にさしかかると、授業と共に学校全体の仕事が回ってくる。全体の仕事を優先させないと学校自体がうまく機能しないわけだから、授業だけに没頭しているわけにもいかない。

要するに、学級担任として授業に集中できる間に実践を積み、力をつけていってほしい。最近、若い先生方の授業を見せていただくと共に、指導をお願いされることも多くなった。私のような力のない教師にありがたい話ではある。こんなことがあった。

子どもたちを見ていると実に生き生きと活動を楽しんでいるようだし、担任の先生との日頃の信頼関係ができているのか、会話も豊富だし、先生も共に楽しんでいる様子がとてもよくわかる。しかし、事後研究会で授業者の話を聞いていると、生活科の理念がわかってやっているようには聞こえない。しかし、授業の質はいいのである。

私が同じ単元を授業してみると、彼女の授業ほど食いつきがよくないし、彼女だったらうまくいっていた部分もどうもうまくいかない。「なぜだろう?」……そう不思議に思っていた時、拠点校指導教員として、新卒の先生四人を受け持ち、週に二度ほど指導する機会をいただいた。

その中の一人の先生が、「生活科の授業をどうしていいのかわからない」というので、三時間ほど授業をお見せすることにした。

「凧と遊ぼう」という単元の中で、ミニ紙凧作りを行って遊ばせたのである。作り方も、飛ばし方も、うまくいかなかった時の指導をしたのもすべて私。子どもたちは、「渡邉先生、渡邉先生」と慕ってきて、楽しく活動できた。

ところが中休み、壊れた凧の修理を子どもたちが頼みにきた。教えたのも作らせたのも私なのに、私のところには一人も来ない。すべて、担任であるA先生のところに行くのだ。

これには、まいった。やはり、日々子どもたちとくらしを共にしている担任には、かなわない。そう思った。あくまでも、自分たちの先生は、A先生なのであって、私など一週間に二度ほどしか来ない、どこかの見知らぬオジサンにすぎないのである。

新卒一年目の先生といえども、若さと子どもの心により近づける強みをもっている。

私など、下手に生活科とはこういうものだということが、過去の体験から身につきすぎてしまっていて、活動の先の先までお見通しであるがゆえに、ひょっとしたら子どもたちにとって新鮮味に欠けた授業をしているのかもしれない。自分では、よかれと思ってしている支援・援助が子どもの心には響いていないのかもしれない。

特に生活科・総合的な学習の時間はまだ歴史も浅い。これがベストといった実践があるわけでもない。これからである。私など、現在五二歳。老兵である。退職までにできることなど、たかがしれている。

若い、やる気のある先生に期待する。どの教科でもそうだろうが、こざかしいテクニックや理論は必要ない。そんなものは、実践さえ積めば、後から必ずついてくる。失敗を恐れずにチャレンジしてほしい。

(2) 生活科・総合的な学習の時間の授業構成

総合的な学習の時間とか生活科とかいうと、何か特殊性があって、特別な指導案の書き方だとか、授業の流し方があるのではないかと勘違いされている方がいる。根本は他の教科や道徳、特別活動とそう変わるものではない。先述した事例で述べたとおり、子どもが必要感を感じ、《なぜかな？ どうしてかな？》という部分を教師がいかに演出してあげられるかにかかってくる。その問題を解決できたときが《子どもが学んだ》状態なのであり、その時、ついた力が『真の学力』だ。

ある崇拝していた校長先生から、いい授業とそうでない授業の見分け方を聞いたことがある。

研究授業というと、たいがい先生方は後ろの席に陣取って参観するものだが、その先生は必ず教室の前から子どもの表情を見るそうである。教師の動きや板書はいっさい見ないとも言っていた。「いい授業は、子どもが○の顔をしている。そうでない授業は▽の顔をしている」、そうおっしゃった。

だから、五分も見ていればわかるし、他の教室をぐるりと回って、最後に板書だけ見ればその授業の成否はわかるとも、おっしゃっていた。「まぁ、すべてあてはまるわけじゃないけどね」と謙遜しておっしゃっていたが、実に的を射た授業の見方だと思った。

教科によって特質の違いがあるので、こうだと決めつけるわけにはいかないが、生活科や総合的な学習の場合で言えば、《子どもがギラギラと意欲的に活動しつづけ、もっと○○がしたいという思いが生まれてくる授業》をめざしたい。

ただし、毎時間こういう状態にはならない。ある時は、意見が交錯し、まとまりのつかない時もあろうし、反対に活動でめざすものがはっきりしていなくて右往左往することもあるだろうし、じっくりと試行錯誤させなくてはならない時もあろう。

しかし、授業の最終段階では、活動が広がりを見せ、子どもの「もっと○○がやってみたい」という思いや願いが生まれてくればよいのではないか。それが、『生活科や総合的な学習の授業はエンドレスが一番よい』とよく言われるゆえんである。

では、そのために授業はどう構成していくべきか。授業構成の仕方にマニュアルはない。それこそ、同じ単元だって何十通りと流し方はある。これがベストだというものはない。しかし、私がいつも心がけてきたことは、

子どもはこうあるから、このように変えたい。
そのために、どんな教材を持ち込み、どう指導するか。

この一点につきる。出発点は、『子ども』なのだ。

●「学習過程」の落とし穴

各校の研究紀要を拝見させていただくと、《学習過程》なるものが必ず載っているし、私も書いたことがある。学習の一つの進め方のめやすになるものだから、紀要に載せ、それにのっとって授業を進めることは悪いことではない。

しかし、それには落とし穴があることにも気づいてほしい。まず、発達段階も、教科の特質も違う、そして各学級の実態、教師の指導観、指導力も違う。その中で、たった一つの学習過程に何もかもがあてはまるはずがないのである。そのへんは、臨機応変に学習を進めることだ。

かかる時間的なこと、内容共に、全学年・全学級が同一歩調で歩めるなど不可能に近い。とどのつまりが、各学級担任が、自分のクラスの子どもたちをどう変えたいか、日頃子どもたちとど

れだけ正対しているかにかかってくる気がしてならない。

根本は、教師のもつ人間性であり、日頃の学級経営の質なのである。その点、私など五十面さげて、修業の真っ最中なわけだが、日頃私が心がけているポイントだけ、ここに書き記しておきたい。

①**生活科や総合的な学習の時間の授業を通して、どういう子どもを育てたいのかを明確にする。**（最終的に子どもがどうなればいいのかを具体的に描いてみる。共に学習指導要領や発達段階に配慮して）

②**教材選定をする。**（何でもいいのではない。活動に多様性が期待できるもの・子どもがもっている力よりほどよい隔たりがあり、やってみようとする意欲のわくもの・子どもが途中で、ふと立ち止まり考えることが必要になること・子どもが自力解決が可能なもの）

③**指導計画を立てる。**（やってみたいと思う→自力で試行錯誤してみる→困って友だちや大人の知恵を必然的に借りなければならない場面がある→自力でできた満足感を得る→日頃の生活の中で活用できないかと考える）というようなだいたいの学習の道筋を教師が考えておく。

④**導入、展開、終末の段階で、各教科との合科・関連的あるいは横断的、総合的な取り組みができないかを想定しておく。**

(3) 生活科・総合的な学習の時間の指導のあり方

高校野球の甲子園の常連校の名物監督さんが口を揃えて言うことは、「近頃の先生方は、指導ということを忘れてはいませんか?」ということだ。

《よい指導者のもとで、よい選手は育つ》

高校野球に限らず、またアマチュアとプロを問わず、スポーツ界を見ていれば自明の理ではないか。

それは、学習指導にも同じことが言える。どの教科の指導案を見ても、支援・援助の花盛りである。気になることは、国語や算数の授業で、ここは当然教師が指導しなければならないところを支援とか援助という言葉を平気で使っていることである。どの教科でも、まず《指導ありき》である。

そして、基礎的・基本的なことを身につけさせて、初めて支援とか援助という指導方法が功を奏することになる。子どもが自分に今どの程度の力があるのかをしっかり自覚した後、そこを出発点として、「やってみようかな」という気持ちになった時に効力を発揮するのが、次のような指導方法である。

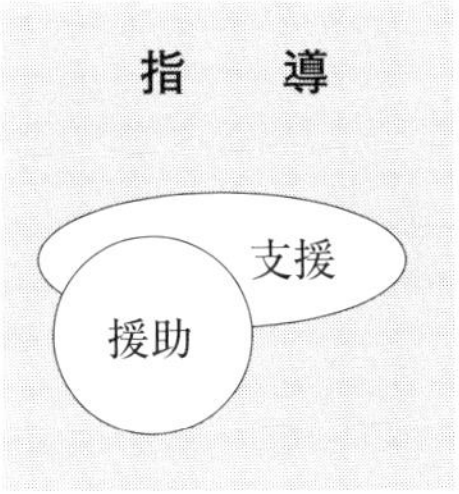

支援……メイ・アイ・ヘルプ・ユー？（何かお手伝いすることがありますか）というあくまでも子どもの自主性なり主体性を見切った上での指導方法。

援助……このままでは、学習なり活動が停滞してしまう恐れがあるので、教師が積極的に手をさしのべること。

例えば教材提示などは、教師主導で行ってよいと思う。ある生活科の授業を見て考えさせられたのだ。

先生が、「どんな野菜や果物を育てようか？」と問うた。子どもたちは、口々に「メロン」とか「イチゴ」とか「サクランボ」とか言うわけである。

すると、先生はすました顔で、「いいえ、みんなが言ったのは無理です。実はこれを育てたいのです」と教卓の下に隠してあったサツマイモのつるを取り出した。子どもたちは「何それー？」としらけきってしまった。

サツマイモを育てたいのなら、最初からそう言って子どもに提示すればいいだけの話だ。そして、「収穫したサツマイモを使ってどんな料理を作ろうか？」と問えば、俄然、子どもたちは意欲的になるのである。

最初から、育てることができないような野菜や果物を言うだけ言わせておいて、実は育てるのはサツマイモ……ではあんまりではなかろうか。『子ども主体』という美辞麗句に惑わされ、教師主導ということを恐れて、さも子どもの自主性を尊重するように見せかけ、その実は、完全な教師主導である。

この先生は、きっと「どんな総合的な学習をやろうか」とかいう導入から始めるつもりだろうか？

それも、悪いことではない。仮に福祉的な学習をやりたいと子どもの大半が傾きかけていて、それをやることに決定したとする。さて、その時に大切なのは、教師の頭の中に、最終像とだいたいの指導計画、準備物、その学習をするに足りうる施設・設備・ゲストティーチャーが整っているかだ。

それがないのに、いくら子どもに自己決定をさせたところで、子どもは戸惑ってしまい、それこそ、学びもなければ活動もない、単なるおつきあいの学習に終わってしまう。

あえて言わせていただく。授業は子どもの実態を把握した後は、教師主導でよい。戦前の教育のように、子どものニーズを無視した、鞭をふりふり覚え込ませ、叩き込む教育を教師主導といっているのではない。教材研究、教材開発をし、指導計画をたてる、板書計画、評価計画等々、これらはいったい誰が考えるのだろうか？

目標も内容もわかっていない子どもたちに考えろというのが、最新の教育方法などと考え違いをしてはいけない。大枠作りは教師が行っておいて、どこで子どもを前面におし出すのか、どこで子どもに任せてみるのか、そしてどの部分で教師は出ていくのか、それをきちんと考えておくべきであり、そのことを教師主導とは言わない。

『教育は意図的、計画的であるべきである』……これは不変の論理だと思うのだが、いかがであろうか。

(4) 指導と評価の一体化

生活科では、かつてから『指導と評価のサイクル化』と呼んできた。最近、学校、学級、教科経営を行っていく中で、Ｐ（計画）↓Ｄ（実践）↓Ｃ（評価・点検）↓Ａ（再試行）ということが強調され始めた。教育は、計画・実践・評価・点検・再試行の繰り返しの中でよい結果を求めていくということである。

それは、生活科、総合的な学習の時間の中でも同じことがいえる。評価を意識するのが、通知表や指導要録をつける時だけではいけない。

常日頃の授業の中で、どう子どもたちを見取り、その背景を探りながら、次の指導に生かしていくか。そのことが、子どもたちにとって、どれだけ学習の価値を感じさせることになるかにかかってくる。

見取る方法はいろいろある。活動の様子、表情、発言、絵や文で書いたこと、ポートフォリオからの判断、生活背景、生育歴を探る等、思い当たるだけでもこれだけある。しかし、それらを通して得た一人ひとりの評価が次の指導に結びつかなければ、意味はない。

ここ三、四年体を壊し、二度の入院をした。私にとっては、五二年の人生の中での初体験だったので、最初はとまどいもあったが、そのうち冷静に主治医や看護師の動きを見られるようになってきた。

C（評価・点検）↓A（再試行）の部分が、実に素早く的確なのである。つまり、患者を見取る（どこがよくないのかを科学的に多方面から探り当てる）↓見合った治療や投薬をしてみる↓効果を見て、悪ければ別の治療に切り替える　という作業が、病院では毎日のように繰り広げられている。

それもたった一人の患者に対して……ではないのである。私の主治医など、外来患者も含めて、二百人以上受け持っているというから驚愕してしまう。また、機械的にC↓Aを行うだけでなく、極力、よくない部分は隠しながら、よくなってきている点を、具体的な数値やこれまでの経験から、患者への励ましの言葉としてかけてくださる。一人ひとり状態の個人差は大きくあるはずなのに……。

『医は、仁術』というが、医学的な知識・技術もさることながら、物事を常にプラス思考で考え、患者を励まし、回復に向わせるというテクニックは、私たち教師も見習わなければならないのではないだろうか。

確かに学校の先生の仕事も近年、多忙を極めてきた。しかし、受け持ちの子どもたちは多くて四十人弱、少ないところで二十人前後、僻地の学校に行けば四、五人の場合だってある。贅沢は言い出せばきりがない。せめて、自分のクラスの子どもたちを『的確に見取る』↓『評価しながら、指導方法を探る』↓『あきらめずに指導を模索し続ける』……この繰り返しが、指導と評価の一体化であり、生活科・総合的な学習の時間に限らず今どの教科にも求められていることではないだろうか。

評価というと、指導要録や通知表の評価文の書き方や観点別評価のあり方ばかりを連想してしまい、ともすると教師の頭の中にはいつのまにやら「よい子・悪い子・普通の子」という先入観で、一人ひとりの子どもを見ていることはないだろうか。確かに私自身にもそういう時期はあった。

しかし、生活科や総合的な学習の時間の指導をしているうちに、評価とは、

☆子ども一人ひとりがもつよさを認めること、そしてほめて伸ばすこと
☆「いつか変わる。この子が輝く時は必ずくる」と長く、温かい目で子どもを見つめるということ
☆今まで（過去）どうだったかというより、これから先どう伸ばすかを最優先に考えること
☆「この子は誰にもないよさをもっているのだ」という教師の評価観こそが、その子を伸ばす原動力になるということ

というようなことを考えるようになった。

考えるようになったのが、五十前後の歳になってからだから、時すでに遅しの感もある。教師としての仕事も、教務や理科専科などという仕事が多くなり、子どもと向き合う時間よりは、職員室でパソコンとにらめっこするような日々が続いている。

まさかこの歳になって「あれはしません。これはできません」などとは口が裂けても言えたものではない。二十代、三十代の若い先生を見ているとうらやましく思うことがある。確かに私にもそういう時期があり、無我夢中で子どもたちと正対していた時があった。しかし、やっている最中は夢中で、そういうことを冷静に振り返ってみる時間もなかった。今頃になって、「ああすればよかった、こうすればよかった」と自責の念にかられることがある。

学級担任をしている時が教師としての「花」である。どうか、若い先生方には、今、目の前にいる子どもたちと同じ時間を共有できていることを喜びとし、大切にしてもらいたいものだ。

2章

今だからこそ

1 原点にもどる

(1) 新学習指導要領実施にあたり

新しい学習指導要領は、すでに実施されているし、ことさらここで、新旧の学習指導要領の違いを事細かく説明する必要もなかろう。それこそ、読めばわかることである。

かつて、《不易と流行》ということがよく言われた。時代の流れに応じて少しずつ変わってきているところと、変わらないものあるいは変えてはいけないことがあるということだ。

公教育の最大の目標は、「知力」「体力」「豊かな心」に支えられた『生きる力』を育てることである。これを育てるために、何の教科に特に力を入れなさいなどということは、どこを探しても明文化されていない。生活科、総合的な学習の時間に力を入れなさい、国語や算数の学力向上を中心としなさい、とも書かれていない。

小学校学習指導要領第一章総則の「第四　指導計画の作成等に当たって配慮すべき事項」では、「各学校においては……学校の創意工夫を生かし、全体として、調和のとれた具体的な指導計画を作成するものとする」とした上で、「各教科等及び各学年相互間の関連を図り、系統的、発展的な指導ができるようにすること」と示している。

わかりやすく言えば、単体として一つ一つをやっていくよりも、関連的な取り扱いをすることで、時間短縮をねらい、より教育効果が上がるような指導法の工夫をしなさいということである。これは、書いてしまえば簡単そうに見えるが、かなり難しい要求ではある。

「忙しい」と言えばきりがない。しかし、それを隠れ蓑にして、先生方が消極的になってしまうことが一番よくない。

何か新しいことを始めようと思ったら、困難や乗り越えなければならない壁はつきものである。できない言い訳ならいくらでも探し、口にすることはできる。しかし、それでは物事の進展はない。要は、「やろう」とする気概である。

私の主治医の話を先述した。職種の違いこそあれ、忙しさという観点から見ると、私たちの何倍も忙しい。しかも、失敗は絶対に許されない。尊い命がかかっているからだ。患者の急変に応じて、夜中に緊急に呼び出されることだってたびたびある。

それに比べれば、教師の仕事は楽なのだから頑張ろうと言っているのではない。年々、教育界も緊急を要する課題が増え、忙しさや重圧という点から見れば、私の新卒の時の比ではない。

トイレに行く暇もないぐらいの忙しさは、現場で勤めている私が一番よくわかっている。だからといって、歩みを止めてしまうわけにもいくまい。教師にも時代のニーズに適応する能力が求められているのであろう。医者が患者の命を預かっているように、教師とてこれからの日本を担う人材を育てているのだという自負をもつべきである。

学習指導要領の改訂も時代のニーズに合わせて行われたものであることから、私たち教師は改訂の趣旨を踏まえて実践を行っていく必要がある。以下に、総合的な学習の時間と生活科について、新学習指導要領で加わった主な記述と、その意図を私なりに解釈して具体的な方策として示したものをまとめてみた。

新たに加わった記述	
総合的な学習の時間（第五章）	**生活科（第二章第五節）**
①教科の枠を超えた横断的・総合的学習。 ②日常生活や社会とのかかわりを重視。 ③道徳教育との関連（他の人とのかかわり）。 ④資質・能力として学習方法、自分に関すること、他者や社会とのかかわり。 ⑤地域の人々のくらし、伝統と文化。	⑥地域のよさに気づき、愛着をもつ。 ⑦自然のすばらしさへの気づき。 ⑧身近な人や自然とのかかわりを深める。 ⑨意欲と自信をもって生活できるようにする。 ⑩言葉・絵・劇化等の方法で考える。

解釈・方策

①各教科・道徳・特別活動・外国語活動との関連重視。
②地域教材の開発。
③人とかかわる活動を重視すると共に、道徳教育の中の「他の人とのかかわり」との関連重視。
④育成する資質・能力を具体的に示した。どんな学び方があるか、他者とのかかわり方があるかを具体的に指導するようにした。
⑤総則の中にも謳われているとおり、『わが国の伝統や文化の理解』を重要視している。地域には、そこに住む住人でさえ気づいていない教材が眠っている。地域教材の開発が期待されている。

⑥地域教材の開発。（特に内容の⑴⑷の「校区探検」や「公園その他の施設見学」の中で）
⑦二学年にわたって指導。（内容⑺「動・植物の飼育栽培」については、かかわり方の深まりまで期待している）
⑧自分と地域の人々、社会及び自然とのかかわりが具体的に把握できるような活動構成や校外での学習を積極的に取り入れる。身近な幼児、高齢者、障害のある人々とのかかわりも可。（内容⑵⑶）
⑨自分への有能感に気づき、次学年への意欲をもつ。（内容⑼自分自身の成長の振り返りとまわりの人々の支えに気づき、感謝する）
⑩身近な人々、自然とのかかわりを通して、自分の思いを伝えたり、進んで交流し表現する。（内容⑵⑶⑻）

生活科には、教科書がある。しかし、これは全国の学校を対象に一般的に書かれたものに過ぎない。参考にすべき点は参考にした上で、やはりその学校ならではの工夫された生活科を創っていくべきである。

総合的な学習の時間の方も、他教科との関連が特別に重視されているし、地域教材の開発が課せられている。もう一度『地域』を目を凝らして見つめなおしていくべきだ。

先生は異動で代わっても、地域の伝統や文化が変わることはない。価値ある地域教材を指導計画の中に位置づけることで、学校の「総合的な学習の時間」そのものが安定していく。

(2) 「きつい・汚い・苦しい」という3Kを「構えず・肩に力を入れず・気楽に」という3Kに

物事は見る角度を少し変えただけで、急に視野が広くなったり、その反対もある。プラス思考で物事は考えるべきだ。失敗だと思ったことも、長期的に見れば自分のためになっていることだっていくらでもある。マイナス思考の中からは、何も生まれないし、うまくいくはずのものもうまくいかなくなる。

戦後の教育史を紐解いてみた時、国が学校現場にめざす方向性だけ示し、教育の内容を任せ、「各学校での取り組みは自由」としたことなど、未だかつてなかったのである。総合的な学習は言わば、めざす方向さえ間違っていなければ、何をしたって自由なわけである。

教師を五年もしていれば、教科書や指導書を見て、「こんなこと、わざわざやる必要ないのに……」とか「もっと他にいい方法があるのに」といった思いをした経験のある先生方は少なくないはずである。それが、「自分たちの思い通りにやってもよい」となったわけだから、これほど喜ばしいことはないではないか。

「きつい・汚い・苦しい」という部分が、校外に出て行くのが、準備をするのが「きつい」というような不満、「汚い」というのが教室が汚れて大変だとか、「苦しい」というのが人手が足らなくて大変だとかいうのなら、これは教師の資質・能力・意欲にかかわる部分の問題なのでどうしようもない。

そんなことを言っていたら、他の教科や特別活動、道徳にしたって大変なのだ。しかも、「外国語活動」も入ってきた今になって、そんな言い訳は通用しない。

そうではなく、先生方が「きつい・苦しい」といっている本当の胸のうちの方が気になるのだ。私の推測したことが当たっていなければ、大変失礼な話だとも思うのだが、「初体験だからきつい」「見通しがもてなくて苦しい」「学習の進め方、子どもへの対応がわからないから苦しい」という意味の「きつい・苦しい」ではないだろうか？

そうだとすると、起因するものは一つしかないような気がする。

△指導計画（プラン）に具体性がないのではないか。あまりに地域からかけ離れたような教材選択をしているのではないか？

これを解消するために、「教育課程」を今一度見直してみることだ。

まず、学校としてめざす総合的な学習の時間の内容がはっきり決まっているか、ということである。

その後、展開の仕方については、次の三通りがある。

ア．課題や基本的な内容、具体的な活動を学年共通のものとして取り組む。

イ．課題や基本的な内容を学年共通にして、具体的な活動は各学級が個別に展開する。

ウ．課題も基本的な内容も具体的な活動もすべて各学級が個別に展開する。

総合的な学習の時間として、理想はウである。私など勤務する学校が単学級であったなら、好きなことができるし、ワクワクするぐらいある。しかし、学校規模として考えた時、二学級以上が普通である。ウというわけにもいくまい。

アで行くのが一番無難かとも思う。また、「三人よれば文殊の知恵」のたとえどおり、いろいろな考え方やアイディアが出て、学年の教師が共通意識をもって取り組めるよさもあろう。

共通に進める部分は共通の部分としてやっておいて、どうしてもこの部分は、学級独自でということがあるのなら、それを認めてあげられる鷹揚さも求められる。何がなんでも学年同一歩調でなどという考えは、教師個人がもつ個性を互いに潰してしまうことにもなりかねない。

最近、「『総合的な学習の時間』専科」の先生を配置する学校が出てきたと聞いてびっくりしている。生活科と同様、総合的な学習の時間を「専科」に任せるなど、とんでもない話である。それこそ、一人の先生に何クラスもの総合的な学習の時間を担当させるなどありえない。一人の先生にそれだけの重荷を背負わせれば、それこそ3Kの総合的な学習の時間になることは目に見えている。

その次に大切なのが、指導計画がきちんと立てられているか、それをどう評価していくのかという評価計画がたてられているかということだ。A4用紙二枚ぐらいでよいと思う。四、五月はどんな主題のもと、どんな総合的な学習をするのか、箇条書き程度の計画案を立ててほしい。あまり詳しく書きすぎると、かえってそれに縛られてしまうから、ごく簡単なものでよいと思う。

問題は、実践後のチェックと学期始めの打ち合わせである。先生方にお薦めしたいことは、一年間の実践が終わったら、主題（単元）ごとの反省をA4用紙二枚ぐらいにまとめて書き記したものを残していくことだ。

「想定していた活動どおりできて、ここがよかった」「ここがうまくいかなかった。その原因は？」

「ゲストティーチャーとの連絡の仕方と反省点」等をありのままに書き記しておくのである。それを四月当初、引き継ぎとして話し合う時間を一五分でいいから設けてほしい。

校務分掌の引き継ぎや問題のある児童の引き継ぎ等はよく行われているようだが、総合的な学習の時間や生活科においては、他教科と違い、そのへんの打ち合わせが重要となってくる。文字レベルだけでは伝わらない部分もあるのだ。

本来、総合的な学習の時間は新しい学年の先生方が集まって、「今年はどんな総合的な学習をやろうか?」という話し合いから始め、毎年新しい総合的な学習の時間をクリエイトしていくことが理想である。しかし、総合的な学習に堪能な先生ばかりが同じ学年に集うとは限らないし、最低二、三年は同じ形でやってみるのもよいと思う。子どもの実態が違うわけだから、ひょっとすれば新しい展開が生まれてくるやもしれない。

一番やってはいけないことは、新しく赴任してきた先生が、前の学校でうまくいったからと、そっくりそのままその実践を持ち込むことである。総合的な学習は、先生方の中での受け止めが、まだ不十分だから、安易にとびついてしまうことが多い。こんな話を聞いたことがある。

ビオトープ作りというのが一時期はやったことがある。その先生は、前任の学校で新聞に取り上げられるぐらいの実践をしたから、転任した学校でも同じ実践を試みた。でも子どもたちがのってこない。ようやく、業者の手まで借りてりっぱなビオトープができあがったわけだが、子どもたちは何の目的で作ったのかも皆目見当がつかなくて、誰一人近寄らなかったという。

しかも、次の学年が当事者になった時、すでに完成したビオトープを前に何もすることがなく、最後は空き缶やゴミ捨て場と化したという悲しい話になってしまった。

他から教材を持ち込む場合、継続性やそれを通しての活動の充実度等を十分吟味すべきである。今年はよかったけど、来年のことまではわからない……では困るのだ。

はやりに惑わされてはいけない。『その学校のめざす総合的な学習は何で、子どもの実態はこうあって、だからこんな教材を持ち込んで、最終的にはこうなることを期待している』ということが抜け落ちると、前述したビオトープのようになるのだ。作り上げた労苦を考えると実にもったいない。前の学校でうまくいったからといって、前後の脈略もなしに、教材だけ持ち込んでもだめだ。

これは、教科にも同じことが言える。前任校でうまくいった指導が、転任した学校で同じような成果が出るかというと、いちがいにそうとは言えない。むしろ、失敗することの方が多い。学校のめざすもの、児童の実態をよく見据えた上で、地に根を下ろした、継続性のある実践を期待する。

そして先生方には、「構えず・肩に力を入れず・気楽に」という「プラスの３Ｋ」で生活科や総合的な学習の時間の実践に取り組んでいただきたい。

(3) 教材を見抜く目と追究を持続させる力

『問題意識をもって物事を見るか否か』にかかってくると思う。「これは、生活科や総合的な学習の教材として適しているかどうか」と見る時と、何気なくそばを通り過ぎる時とでは、全然ちがう。物事を漫然と見ているだけでは教材として、いいのか悪いのかという判断さえできない。

私は、新しい学校に行くとその地域を自転車で回ってみることにしている。学校には必ず備え付けの自転車があるはずだ。家庭訪問など絶好のチャンスである。道すがら不思議な物を見つけたりすると、必ず保護者に尋ねてみる。すると保護者でさえ知らないことの方が多い。

ましてや子どもが知っているはずはない。そこで、そのことについて徹底的に調べてみる。別に難しいことではない。その地区の公民館・地域のお年寄りに聞けば、たいがいのことは知っている。

今、勤務している大分市立鶴崎小学校には、東門脇に「鶴崎踊り発祥の地」としてその由来が書かれた看板が立てられている。登校してくる子どもたちに、「この看板に書いていることは何だかわかる?」と尋ねると、ほとんどの子が知らない。

鶴崎地区の名物と言えば、九州でも名が知られている「鶴崎踊り」である。これは総合的な学習の時間のいい教材になると思った。

・「鶴崎踊り」の名前の由来を調べる。
・公民館に勤める方や、地域のお年寄りから、「鶴崎踊り」がどういう由来でできて、なぜいまだに引き継がれ踊られるかを知る。
・公民館に月に二度、踊りの練習に行っている友だちの感想を聞く。
・自分たちも夏休みの「鶴崎踊り」の大会に向け、何ができそうかを話し合う。
・みんなでなかよく「鶴崎踊り大会」に出場し、感想を出し合う。
・これからもこの伝統ある踊りを保存するためにはどうするかを考える。

ざっと、「鶴崎踊りの看板」一つで、これだけの活動が想定できる。教材としての多様性があるからだ。

別に私が、特別な教材を見抜く目をもっているわけではない。問題意識をもっているかいないかに過ぎないのだ。

こんなこともあった。家の近くのコンビニに立ち寄った時のことである。「ざびえる」という郷土の銘菓がばら売りしていた。なつかしいなと思って二、三個購入した。昔と一つも変わらぬ味に感動した。駄菓子と違い、そうめったに口に入るお菓子ではなかったが、贈答品用として、またはなにかのお祝いごとの時には必ずこのお菓子が出されていた。

甘すぎず、ちょっと歯ごたえがあり、中にはいっている固めの白あんとパイをしっとりさせたような皮のハーモニーが絶妙なお菓子であった。

長久堂という会社が作り、販売していたのだが、何らかの理由で倒産してしまった。

しかし、何年かたち、県民の強烈なアンコールを受け、一部の職人さんの手によって、細々とではあるが復活した。かつてのような、大量生産はできないが、小売店等で販売されるようになったらしい。ここに至るまでには、関係諸氏の相当な苦労があったようだ。

・「ざびえる」を食べて、そのおいしさについて語り合う。
・なぜ、このお菓子が大量生産できなくなってしまったのか、そのわけを探る。
・復活をとげた社長さんや職人さんたちの思いや苦労を知る。
・「ざびえる」復活を願い、どのような苦労をしているのかを知る。
・自分たちにできることはないかを考える。
・日本の他の地域にも、こういった経緯をもつ伝統のお菓子があることを調べ、それを守ろうとする地域や職人さんの苦労を知る。
・「一つのものにこだわり最後までやりとげようとする人々」の苦労から、自分の生き方に取り入れたいことをまとめる。

というような活動がパッとひらめくのである。

このように、地域には、住民や子どもたちさえ気づいていない教材が眠っている。

では、教材が決まった後は、子どもの追究をどのように促していくかである。国語は教材文、社会科は教材の質、道徳なら精選された資料というように、いいネタ（教材）であれば、自然と素晴らしい追究は始まる。

ところが、そういいネタというのは、そんじょそこらにゴロゴロ転がっているわけではない。でも、中には、石ころにも等しいあまり価値のないと思われた教材が、ダイヤモンドに変身する場合もある。では、その秘訣は何か？　評価である。

国語や算数と違って、ここまで到達しなければならないというものは、生活科・総合的な学習の時間にはない。エンドレス、つまり終わりの段階になって、「もっと○○がやってみたい」が生まれればいいのである。

教材へのアプローチの仕方は、子どもそれぞれであり、よほどのことがない限り子どもに任せてみるべきだ。それぞれの持ち味や教材の接近の仕方を、教師はほめて認めておけばいいのである。

ただし、やみくもにほめて認めたってだめである。子どもの背景をとらえ、一人ひとりの子どもの学びの軌跡を知り、その中で伸ばすべきところはどこかを探せばいいのである。

これは、学級担任だからこそできる特権だと思っている。朝から放課後までの生活を共にし、子ども一人ひとりを知り尽くしている担任だからこそできることである。

友だちや先生と共に、自ら学ぶことは楽しいのだということを、どの部分で子どもが感じているかを的確に見抜き、よい方向に導き指導することで、子どもの追究心は必ず持続する。

新しい試みは、うまくいくことより、いかないことの方が多い。要は、教師がどれだけのチャレンジ精神をもてるかにかかってくる。

2 今後の生活科・総合的な学習の時間で何を大切にしていくべきか

(1) 生活科と総合的な学習の時間の違いと、総合的な学習の時間に求められるもの

「生活科と総合的な学習の時間はどこがどう違うのか」

「特別活動とはどう違うか」

研究会の事後研に出席すると、時々このような質問が出る。聞く側の意図がよくわからない。そのようなことは、学習指導要領を読めば、一目瞭然のはずなのに、事後研究会でわざわざ質問しなければいけないことなのだろうか？

生活科と総合的な学習の時間とは似ているが、異なる点もある。大まかに言えば、次のようなことだろうか。

《似ているところ》

◎活動や体験を通し、子どもたちが楽しく追究できる、すなわち体験や活動を基調とした学習である。

◎自分の身近な人や物、社会から学ぶ機会が多く、問題を追究する学習である。

《違うところ》

◎総合的な学習の時間は学習対象が「国際理解」「情報」「福祉・健康」「環境」等の横断的・総合的なものへと広がりを見せているということ。

◎地域課題、学校の特色を生かした課題等、生活科以上に総合的な学習の時間はその地域や学校の独自色が色濃く反映されているということ。

とにかく、生活科にしろ、総合的な学習の時間にしろ、答えの用意されていない問題に挑む楽しさを味わわせてほしい。子どものアプローチの仕方の少々のまずさには、目をつぶり、試行錯誤しながら、個人あるいはグループが自力で問題を解決しようとするその過程を大切にしていってほしいと思う。

もう一つ言っておきたいことがある。

『共存共栄』という言葉がある。「共によりよく生き、共に栄え伸びていく」という意味である。

生活科や総合的な学習の時間の授業の中では、誰が気の利いた的確な発言ができただとか、グループ発表で実に細かいところまで調べ上げていたとか、パソコンを上手に使えたとかいうことは、一つの評価の対象にはなろうが、さして重要なことではないと考えている。

それよりも、子どもたちがこの学習を通してどう学び合うかということに比重を置かなくてはならないと考える。集団の中で何人かの突出した子、能力の秀でた子どもを育てようとしているのではない。

友だち同士で学び合える子ども、お互いの知恵を出し合い、一つのことを達成した喜びを分かち合える子どもを育てていくべきだと思う。

教師が教えるより、子ども同士で教え合った方がより効果が上がる場合がある。例えば、1章で紹介した『竹馬ダンス』の実践事例では、最初は全く乗れなかった子どもたちも、小グループにすると、乗れる子が乗れない子に親切に教えてあげるのである。むろん、私も乗れない子への対応をしたが、しょせん二、三人である。

ところが、子ども同士で教え合わせると、時間的にも人数的にも、できる子が日に日に増していく。しかも、子どもの世界には子どもでしかわからない言葉や独特の教え方があって、教師が教える時より上達が速い場合の方が多い。

国語や算数と違って、答えを導き出すための方法は、生活科や総合的な学習の方がその場面は多い。だから、ある部分は子どもたちに任せられるのだし、子ども同士で学び合って成果を得た喜びは、教師が一方的に教え込んだ時よりも大きいのかもしれない。

学級経営をしていく上でも、《互いがそれぞれのよさを理解し、不足の部分を補い合いながら、学習をすすめていける》集団に育ったとしたら、こんないいことはなかろうし、教育効果も倍増することと間違いなしである。そんなエキスがふんだんに含まれているのが、生活科であり、総合的な学習の時間であると思う。

(2) 新しい生活科・総合的な学習の時間を進める上での留意点

「新しい」と銘打ったが、双方共に学習の進め方が学習指導要領の改訂で一八〇度転換したわけではなく、捨象する部分は捨象し、新しく強調された部分があるくらいで、リニューアルといった方が正しいのかもしれない。

学習指導要領の改訂などがあると、何か目新しいことをしなくては……という意識が働くのか、今まで見たことも注目もされなかった教材がいきなりクローズアップされたりする。ケナフやビオトープなどがその典型である。

「こんな子どもに育てるために、この教材が絶対必要で、たぶんこれを通してこう子どもは変化するはずだ」という確固たるポリシーがあるのなら、それでよし。はやりに惑わされて「なんかよさそうだからする」というのが一番よくない。

①　新しい生活科を進める上での留意点

生活科の場合でいえば

ア．小学校教育と幼稚園教育の連携（幼小連携）
イ．科学的な見方・考え方
ウ．安全教育や動植物とのかかわり方
エ．気づきの質を高める

の四つであろう。

一見、難しいようにも見えるが、そうでもない。今まで、なされてきたであろうことがなされていない現状を見て、文部科学省が打ち出してきたことである。とりたてて構える必要もない。

ア．幼・小の連携

生活科誕生の折からよく言われてきたことで、私など同じ敷地内に幼稚園があった時は、必ず訪ねることにして、幼稚園の先生のお話をよくうかがったものであるし、非常にいい勉強になった。

結論から言えば、『小学校教師は幼稚園教育からもっと学ばなければいけない』ということだ。対支援・援助の仕方を含め、幼稚園の先生方は実に子どもたち一人ひとりを知り尽くしている。対し方一つでも、子どもの一人ひとりをよくとらえた上で行っているから、無理や無駄がない。

また、『環境構成』といって、子どもの自主性を考えた上での教室・園庭、遊び道具の一つにまで配慮がなされている。A君は、朝来て一番にジョウロで遊ぶだろうから、あえてこの場所に置いておくといった配慮を前日にしておくというのだから、驚きである。

『小一プロブレム』が叫ばれて久しい。前にも書いたが、学校や教師だけに責任があるのではない。しかし、小学校の教師が、幼稚園教育を知らなさ過ぎるということも一因としてありはしないか。それがために、入門期の一年生の間違った扱いをしていたとしたら、謙虚に反省すべきであろう。

イ．科学的な見方・考え方

科学的認識などといっても、科学的に理詰めな子育てをしなさいと言っているのではない。自分がクラスの友だちとかかわる中で、「ああ、そういう考え方もできるのか」というような話し合いができれば、自分だけでなく他の考えも取り入れた客観的な見方・考え方ができるわけである。それをさして、「科学的なものの見方・考え方」としているのだ。

アサガオ育てを例にとると、「ああ、きれいな青い花がさいたね」だけではなくて、友だちの「つるの先のネバネバしたのは？」「つるは同じ方向に向いて巻いてるよ」「アサガオの葉の表面にはざらざらしたうぶ毛みたいのがあるよ」などという意見を聞くうちに、「客観的なものの見方・考え方」を育てていくということである。「さあ、アサガオの観察をしてきてごらん」だけではいけませんよ、ということである。

ウ．安全教育や動植物とのかかわり方

特に安全教育や動植物の飼育栽培について、神経を使えという意味ではないと思う。町探検で校外に出た時、信号機一つとっても、昔は直径三〇センチあったレンズが、今は発光ダイオード（ＬＥＤ）に替わってきているとか、動物にしても、ニワトリなどは、鳥インフルエンザの問題で飼育不可能な学校が出てきたとか、時代によって変わってきているものがある。そのへんを留意しながら、動植物に愛着と親しみをもたせること、せめて長期間の飼育や栽培活動を通して、自分とのかかわりの中で親しみと愛着をもたせる活動構成の工夫が期待されている。

エ．気づきの質を高める

方法としては、比べる・見つける・たとえる等の方法があるが、そういう手段を優先するのではなくて、教師がどうかかわってやれば気づきの質が高まるか、ということだ。

例えば、カードに絵や文を書かせたとする。表面だけ見て、ハナマルをあげるのではなくて、子どもが書いた行間の隙間にあるものを教師が見取り、指導していくことが必要となってくると

思う。でないと、絵や文がその時点で上手な子だけがよい評価をもらうということになりかねない。

つまり、「アサガオの葉っぱは、三角でした」としか言えなかった、書けなかった子を、「アサガオの葉っぱの表面はザラザラで白いうぶ毛がはえていました」とか、「つるの巻き方は同じ方向で、先っぽにネバネバしたものがついていました」というような質的な高まりにするには、教師がどうはたらきかけるのかということを真剣に考えるべきであろう。

② 新しい総合的な学習の時間を進める上での留意点

総合的な学習の時間で言えば、

オ．各教科、特別活動、外国語活動との関係の整理 カ．ねらいや育てたい力の明確化 キ．児童の発達段階を考慮するとともに、地域色を出す

の三つであろう。

オ．教科、特別活動、外国語活動との関係の整理

「知の総合化」という側面から、十年前、「総合的な学習の時間」が誕生した。先生方が一番着目したのは、「関連」という二文字である。私は、常々考えてきたことは、「関連」から先に考え

てカリキュラムを組んではいけない。「関連先にありき」ではないのである。
まず、総合的な学習の時間・各教科・道徳・特別活動・外国語活動を目標や内容によってきっちり授業をするということだ。その上に立って教師が関連させるのではなく、子どもが関連して考えるということを大切にすべきだ。

先述したが、江川の汚染調べをした時、棒グラフにする活動があって、それが書けない、読み取れないのだとしたら、それ以前に学習した算数の力がついていなかったということだ。わかったことを上手にまとめて、中心点を明確に発表できなかったとしたら、国語の力がきっちりついていないということである。

すなわち、総合的な学習の時間の学習を進めようとしたら、各教科や道徳・特別活動でつけなければならない力をしっかり蓄えさせておかないと、特に今までは、週三時間あったものが二時間に減らされたわけだから、関連させながら物事を考える子は育たない。厳しい言い方をするならば、限られた年間七〇時間の中では、時間が削減された分、失敗を取り戻すゆとりはなくなった。

次に、特別活動との関連について述べておきたい。総合的な学習の時間と特別活動との関連においては、学習指導要領の第一章の総則の第三の五に「総合的な学習の時間における学習活動により、特別活動の学校行事に掲げる各行事の実施と同様の成果が期待できる場合においては、総合的な学習の時間における学習活動をもって相当する特別活動の学校行事に掲げる各行事の実施に替えることができる」ということが明記された。

つまり、総合的な学習の時間と特別活動の『抱き合わせ』をよしとしたわけである。こういう文言が入るとすぐに、「特別活動を総合的な学習の時間とふりかえていいんだって！」などと、誤解する人がいる。

違う。そもそも総合的な学習の時間と特別活動は目標からして違うではないか。学習には一連の流れがある。その流れのねらいが合致する場面があるのなら、抱き合わせもよしとしているわけである。例えば、次のようなケースである。

①四年生が地域の人の知恵をかり、竹で作るおもちゃやコースター作りに挑戦していた。（総合）
②うまくいかないところもあったが、名人や友だちの力を借りて作り上げることができた。（総合）
③作り上げた作品を生活に活用したり、作ったおもちゃでクラスメイトと共に遊ぶ楽しさを知った。（総合）
④ちょうどその時期に特別活動として、『○○小祭り』が催され、各クラスから異学年同士で遊べるおもちゃや場作りをすることになった。四年生は、せっかく名人から習ったのだから、竹のおもちゃの数を増やし、全校児童を招待して遊ぶことになった。（総合＋特活　計六時間）
⑤楽しかったことや勉強になったことを作文にしてポートフォリオとして綴じたり、後ろに掲示した。（総合＋特活　計三時間）

一連の学習の流れの中で、④と⑤については、総合的な学習の時間や特別活動としてカウントしてよいということである。一番いけないのは、ちょっと似ている部分があるから、教師サイドで勝手な理由をつけ、特別活動と総合的な学習の時間を抱き合わせにして、双方したことにしてしまうことである。

また、外国語活動にしても同じことが言える。総合的な学習の時間の例示課題の中には、確かに『国際理解』がある。近くの外国人留学生を招待したりして、いっしょにその国の名物料理作りに挑戦し、食に関する交流会を催したり、共に遊びの文化の違いを通して、外国のよさを味わうといった活動が主流であり、条件が揃っているのなら、それはそのまま継続することは悪いことではない。

しかし、外国語活動と総合的な学習の時間は、目標が明らかに違う。そこをきっちり区別して指導することである。先述した『抱き合わせ』はできないのである。

外国語活動の目標は、①外国語の言語や文化の体験的理解　②外国語の音声や表現への慣れ親しみである。また、外国語については、「英語を扱うことを原則とする」と明記されている。

やさしく言えば、総合的な学習の時間では、「外国人であればどこの国の人だっていいから、共に活動することによって、諸外国の文化・習慣のよさを知ろう」であったのが、外国語活動は、「英語を通して体験的理解を深め、音声や言語に慣れ親しもう」だから、いくら活動主体とはいえ、質的に違うということを認識しなければいけない。

表現の仕方は適切でないかもしれないが、今までのように「これまで総合的な学習の時間にアメリカやイギリスの人を招待して活動したことを、そのまま総合的な学習の時間としてカウントする」とか、「ALTがたまたま来て、楽しい英語ゲームを教えてくれたり、国の食べ物の話をしたから、それを総合的な学習の時間と振り替える」といった、目標も目的も明確でない、安易な振り替え活動はすべきでないということである。

また、外国語活動も、基本は高学年の学級担任が行うべきで、どうしても必要ならALTを招聘してという活動が望まれる。各校一人ずつALTがつくなどということは、理想だが、現実的に困難であろう。

カ．ねらいや育てたい力の明確化

総合的な学習の時間が実施され始めて十年が経過した。いくらなんでも、程度の差こそあれ、その学校ならではの年間プランはできていることと思う。物事というのは、だいたい三、四年たてば色あせるし、マンネリが生まれる。

人事異動で先生が代わったり、現在は国語・算数の学力をいかにして上げるかが、研究の主流になっていて、いつのまにやら総合的な学習の時間のプランの見直しなど、どこか遠い国の話になってしまっている。

しかし、生活科や総合的な学習がきっちり行われている学校は、「全国学力・学習状況調査」でも上位を占めている。言い換えると全国学力調査の問題自体が、一教科で対応できるものではなく、総合力を要求されるものだからだ。

「百マス計算」や漢字ドリルで鍛えあげれば、それに関しての力は確かにつこう。しかし、全国学力調査の問題の内容は、その基礎・基本をどのように適用しながら総合的な問題に挑み、どれだけの点数がとれているのかを見ているのだ。枝葉をきれいに見せることに一生懸命で、幹や根っこが枯れてしまっていては本末転倒だと思うのだが……。

総合的な学習の時間や生活科のねらいや育てたい力がつけられるようなプランを、もう一度見直してほしい。創った当初は、時間のなさもあってあわてて創ったものの、ほころびが出ているはずである。おそらく、創った当初は、週三時間を想定して創っているはずだから、その中で子どもが本気で食いついてきて、追究が長続きしたものはどれだったのかという視点で見直してみてもよい。

また、三年から六年の総合的な学習の時間をつなげて見た時、本当にその学校がめざす総合的な学習の時間の子ども像に行きつくかどうかを見直してみてほしい。そういう観点で見ていくと、必ずつじつまの合わない部分が出てくるはずである。

キ．児童の発達段階を考慮するとともに、地域色を出す

児童の発達段階と一言で言っても、難しいこともあろう。しかし、各校の総合的な学習の時間のプランを拝見させていただいた時によく感じることは、「なぜ五年生にこんな難しいことをさせるんだろうか？」「ここの三年生がやっていることは、生活科とたいして変わりがないではないか」ということである。子どもを出発点とせず、例示課題優先でプランを創った学校に、こういうパターンが見られる。

先生方は常日頃、教科の授業を担当していて、何年生ならこの程度の発言や活動をしそうだ、どういった生育上の特徴がありそうだというのは、わかっているはずだ。それに加えて既習の事項を活用できるような総合的な学習を想定して創った方がよい。三年生の総合的な学習で五年生の知識レベルがないとできないようなものは、しょせん無理なのである。

それと、本書でも何度となく取り上げてきたが、地域色を存分に出した総合的な学習の時間に仕上げてほしい。地域を取り上げれば、必然的に国際理解、情報、福祉・健康、環境、児童の興味・関心に基づく課題も入ってくる。

> ☆生活科は、自分に自信をもつ。
> ☆総合的な学習は、地域への誇りを育む。

これは、導入時からの『鉄則』である。つまり、生活科は、子どもたちに「自分も捨てたもんじゃないんだな。やればできるんだな」という思いに浸らせる。

総合的な学習の時間では、子どもたちが特に小学校、中学校であんな総合的な学習をしたな、自分たちが住んでいた町にはあんな自慢や誇りにすべきところがあったんだなという思いに浸ることのできるような総合的な学習の時間をめざしたい。

とにかく、地域を歩いてみる。公民館を訪ねてみる。地域の名士というか古くからその町に住んでいるお年寄りを訪ねてみるとよい。学校誌をひもといてみるとよい。必ずや、総合的な学習のヒントになるすごい教材が、埃をかぶった状態で眠っているはずである。

鶴崎小の子どもたちが将来、鶴崎という町に住んでいたことを、別府緑丘小の子どもたちが、別府に住んでいたことを誇りに思えるような、総合的な学習を創っていきたい。

(3)『言語活動』をどうとらえ、結びつけていくか

「総合的な学習の時間」が登場し、各教科・道徳・特別活動との関連が強くうたわれるようになった。

一つの問題を解決するには、一つの教科の力では物足りず、「知の総合化」という言葉に代表

されるように、すべての教科で得た知識を総動員して、問題解決を図る教育が必要だということになった。それが「総合的な学習の時間」誕生の理由の一つにもなった。

近年、「全国学力・学習状況調査」の結果から、「読解力」不足が指摘されるようになった。読解力とは、「テキストを読み解く力」だけでなく、「テキストで学んだ力を活用して書く力」「内容を自分の言葉として書き表したり、表現する力」と広義にとらえられている。

わかりやすく言えば、「読み解いて、記述したり、言葉で表現したりする能力」とでも言い換えられようか。では、その力は、どこでつけるかという話になる。国語だけでは、当然無理だから、全教科の中で『言語活動の充実』ということが謳われはじめたのである。

算数の文章題を読み解く力、国語の長文を読み、要点をまとめて書く力、社会科の資料を読み解き、調べてみたいことをわかりやすくまとめる力、理科の科学的思考に基づく論述やレポート作成など、言語に関することは、多岐にわたっている。

どの教科でも日本語という言語で書かれているわけだから、それが聞けない、話せない、書けない、では話にならない。学力テスト云々ということでなく、言語活動に力を入れることには異論はない。

ただし……である。各教科、あるいは総合的な学習の時間でつけなければならない言語能力というのは、国語科で学習する日本語の能力とは異質である。

最近、各校の研究テーマのみを見ると、『伝え合う』ということが多々出てくる。表現領域として、自分の考えを伝え、相手の考えも受け入れた上でまた意見を述べるという意味の『伝え合う』ということだろうか。

それは良いのだが、国語科で伝え合うといえば、文章事実に基づいたり、実際に自分が体験を通して考えたことを話したり書いたりする学習活動が重要であるし、社会科で言えば、相手にわかりやすく伝えるためのデータを提示しながら伝えるといったことになろうし、理科も似たような側面がある。道徳なら、文章事実だけでなく、過去の経験やその時点でもっている自分の価値観を伝えなければなるまいし、教科・道徳によって『伝え合う』と言ったって、若干の違いがあるのではないか。

総合的な学習の時間で言えば、その時点でもっている自分の既知の事実を総動員して伝えなければならないだろうし、総合的な学習の時間のポスターセッションの資料作りをしている時に、漢字の「とめ・はね・はらい」を指導するよりは、相手に見やすくわかりやすくといったことを指導の中心に置くべきであろう。

字画の指導なら、むしろ、国語の時間にすべきことであろう。このように、『言語活動の充実』と一言で言っても、教科、総合的な学習の時間、道徳にはそれならではの特質の違いをしっかりふまえることが必要ではなかろうか。

3章

生活科・総合的な学習の時間は、これからが始まり

（1）その先生らしさが出る生活科・総合的な学習の時間を

ある大学の教授が、その学校の卒業生で、公立小学校に新卒として採用された女性教師と話す機会があったそうだ。

その大学の教育学部には、「生活科教育学科」「総合的な学習専攻」なる学部・学科・専攻はない。

外部講師を招いて「生活科とは？」「総合的な学習とは？」などと銘打って、講義らしきものはしているらしいが、年間を通して、それを専門に教えるスパンも専門の教授・准教授もいないのが現状らしい。

私も、大分大学附属小学校に勤務している時、数回、大学に非常勤講師として招かれ、講義らしきことはした記憶がある。しかし、講義とは名ばかりの実践発表まがいの話しかできなかったし、もちろん教育実習生を担当すれば、授業を見せたり、そのことについて話をしたりもしたが、わずか一か月程度のことで、生活科や総合的な学習の話ばかりやるわけでもなく、それ以外にすることの方が多かった。

全国の大学が似たような状態で、生活科や総合的な学習をきちんとした形で教えているのは、ごくわずかな大学だけである（私が知る限り四校しかない）。大学で学んだことが、即学校現場での実践に役立つとは限らないが、生活科・総合的な学習の時間に関しては、大学で学ぶ機会が少ないのが現実であろう。

そのことが気になって、「生活科や総合的な学習の時間はどう？　授業はちゃんとできているる？」と大学の先生が、そのフレッシュ女性教師に聞いたそうだ。

すると、「大丈夫ですよ。バッチリです。学年会がいつも木曜にあって、そこで生活科はこうするというマニュアルを先輩が教えてくれるし、方法は学年で統一しているから別に困ることはありません」と答えたそうだ。

それを聞いた大学の先生は、疑問にも感じたが、「そう、それはよかった」とその場はそのまま帰したそうだが、後から「渡邉さん、どう思う？　この話。僕は何か腑に落ちないんだけどね」。そうおっしゃるので、私なりのお答えをしておいた。

教育は、教える内容は同じでなくてはいけない。教える中身が同学年で違いがあると、教えられる側に不安感を与えることになる。

しかし、アプローチの仕方というか、方法はいろいろあっていいはずだ。むしろ、担任のカラーを存分に出すべきだと思う。

「月曜の生活科は、アサガオの種を学年全体で、五粒ずつ一斉にまくのよ。その週の水曜の生活科は、学校探検させて、時間が余ったら遊具で遊ばせるの。そして、金曜は、学校探検でわかったことや面白かったことをカードに書かせて、みんなにハナマルあげて後ろの掲示板に貼ろう。週があけたら、アサガオが発芽してきているはずだから、それをまたカードに書かせましょう。いい？PTA総会も近づいてきているし、おんなじことさせておかないと、お母さん方が不安に思うからね。

……などという会話が、学年会の中で交わされ、それをさして新卒の女性教諭が「マニュアル」と呼んでいるのだとしたら、大変な問題である。

私が親なら、そういう生活科をしている学年や担任にこそ不安を覚えるし、安心してお預けできないなと思う。その理由を述べてみる。

△国語や算数や他の教科は、方法や内容をそう吟味して話し合うこともしないのに、なぜ、生活科だけ同じ方法で、しかも同時進行させようとするのか。生活科は、学習指導要領の九つの内容に即していれば、方法を統一する必要などどこにもない。

△学年で統一した、理にかなった生活科をやりましょうというのならともかく、アサガオの種五つ、学校探検の内容の吟味もなされていない。誰にでもできそうな、活動だけさせて、子どもが考えない生活科をしようとしているところがいただけない。

△なぜ、カードか？　絵や文が苦手な子、字が書けない子も多い入門期の一年生に書かせるのは適当でない。また、カードは全員に書かせ、掲示するためにあるのではない。あくまでも評価手法の一つなのだから、せめて担任が保存し、そのカードから指導方法を導くべきである。また、なぜ全員ハナマルなのか？　そんなことはありえないはずなのだが。ハナマルを乱発していると、ハナマルをやらないと書かない子が育つし、仮にもらえなかった時の子どもの落胆の方が気になる。

いったい、誰のための生活科をしているのだろうか。保護者への体面を意識してとか、子ども一人ひとりの個性を考えない生活科なら、しないほうがよい。それは、総合的な学習にも同じことが言える。

生活科は、実施されて二十年、総合的な学習の時間は十年が経過した。要は、本書にもしつこいぐらい書いてきたが、その理念を理解して実践しない限り、子どもも満足しないだろうし、これ以上の発展はない。マニュアルもけっこうだが、間違いのない、いいマニュアルを作ってほしい。

特に、若い先生方に言いたいことは、生活科に限ったことではないが、学習指導要領を熟読し、それに関する書籍を読み、そして公開研究会や研究授業に参加して勉強する機会を自らつくっていってほしい。そして、自ら実践し、評価を受けてほしい。

実践するだけではだめなのだ。独りよがりの実践は、時に独断に陥りやすい。客観的な評価を受けて、それを謙虚に受け止め、改良を加えていってほしいのだ。

あえて、生活科と総合的な学習だけに……とは限定しない。算数だろうが、道徳だろうが、何か自分がやってみたい教科を一つに絞り、せめて十年はそれにのめり込んでほしい。すると、不思議なことに、他の教科も、他人の実践の良し悪しも見えてくるものだし、自分にしかできない実践ができてくる。

公務員社会にいて、年齢によっていただく給与額も決まっている私たち教師である。それがいいと思ってなったのだから、不平不満はこぼすべきではない。

ただ、算数ならA先生、社会科ならB先生、体育ならC先生というように、他の先生から目標とされる教師になりたいものだし、何よりも○○先生の生活科は絶対面白い。子どもから、そう言われる教師をめざそうではないか。私は、そう人から評価される『生涯一教師』でいい……そう思えるようになってきた。

(2) 評価計画、評価活動の意義

●トヨタ自動車に学ぶ

『評価があるから、子どもは伸びるのだ』。少なくとも、私はそう思っている。平成二一年度末から、トヨタ自動車が発売している「プリウス」のブレーキ、アクセルの不具合が世界的にも大問題に発展し、リコールが相次ぎ、一時は『世界のトヨタ』とまで言われた自動車会社が経営危機に陥った。かつての名声は消し飛び、消費者（特に米国）から非難ごうごうの嵐に見舞われた。

しかし、その後のトヨタの対応はよかった。非難を評価の一つと率直に認め、謝罪し、社長自らが世界各国を飛び回り、社員一丸となって全員の手で信頼回復を勝ち取りつつある。さすが、世界のトヨタだ。悪い評価をりっぱに改善しつつある。C（点検・評価）→A（改善・再試行）のサイクルがものの見事に回転しているといえる（その後、一部の不具合に関しては無実が証明されている）。

私が今お世話になっている主治医もしかりである。まず診断という私の体に関する評価をする。しかも、できるすべての手段を使ってだ。初めてお目にかかって三回目の問診の時に驚かされたのが、中に二週間の入院期間と治療も含んでいたとはいえ、すでにA4判ファイルが数十ページの厚みをおびて主治医の机上に開かれているのである。

これは、評価結果の積み重ね、総合的な学習でいえば、ポートフォリオの積み重ねと同じことだ。枚数とか厚さを問題にしているのではなくて、その積み重ねの結果、次はどう治療するという再試行プランができているのである。この繰り返しを私一人ではなく、二〇〇名以上の患者に施してきているのだから、すごいと言わざるをえない。

「職種や仕事内容が違うのだ。いっしょにするな！」とお叱りをうけそうだが、私はこの部分に関しての考え方は同じだと思う。私たち教師は、これまで本気で評価活動に取り組んできただろうか？　一人ひとりが、私も含め、自分の胸に手を当ててふりかえってみるとよいのではないだろうか。

ここで私が言っている「評価」とは、通知表や指導要録に文字や数字で書く最終評価のことだけを言っているのではない。

ある県で、総合的な学習の時間の導入の前に、通知表にその所見欄を書く、書かないでアンケートをとったところ、七割の先生方が書くことに反対したそうである。こんなアンケートをとる方の意図もはかりかねるが、書かなくてよいと答えた先生方の見識を疑いたくなった。要するに、仕事が増えて煩雑になるのを嫌がっているだけではないのか？
一、二、三学期の評価の積み重ねがなくて、指導要録の総合的な学習の時間の所見欄は、いったいどうやって書くつもりだったのだろうか？　また、仮に総合的な学習の時間の評価欄を設けなかったとしよう。評価がないのをいいことに、総合的な学習の時間が、算数のテストのやり直しや漢字の小テストに回っていたのではないか、学級で自由に遊んでいい時間に変身していたのではないかと、うがった見方もしたくなるが、いかがであろうか？

●総合的な学習の時間の評価文の書き方

総合的な学習の時間の評価計画については、少しふれてきたが、評価文は《子どものどこを見て、どのような書き方で》書くとよいのかを、説明する。

次ページの表は、ある学校の総合的な学習の時間の全体計画の一部を省略した形で書いたものである。

「総合的な学習の時間でめざす子ども像」を読んだ時、「調べたり発表する力」「自力で物事を解決し、相手にわかりやすく伝えること」が不足しているんだなということが見てとれる。学校教育目標との整合性は？　ということがよく問われるが、この学校の『知』の部分は、「創造力に富んだ子どもを育てる」ということだから、「自ら進んで、調べたりまとめたり……」という表現と、「問題解決力」との合致点も見出せる。

学校教育目標は、総合的な学習の時間のためのみにあるのではない。その学校の「知・徳・体」という育てる目標を総体的に表現したものだから、部分としての整合性があれば、あまりこと細

《学校教育目標》
創造力に富み，心豊かで心身共にたくましい子どもの育成

《総合的な学習の時間でめざす子ども》
身の回りの事柄に課題意識をもち，調べたりまとめたり発表したりする活動を通して，自分なりのものの見方・考え方をもち，わかりやすく伝えたり行動できる子ども

《評価の観点》

（自己表現力）	（問題解決力）
自分の考えをもち，自分の思いを伝え，聞いての思いを受け止めようとする	進んで学習に取り組み，課題を見つけ，粘り強く追究・解決していこうとする

《名称》
ポプラタイム（これは，各学校の特色を表す言葉を端的に表現すればよい）
【3年生】
主題名：「ぞうれっしゃがやってきた」を心をこめて歌おう
◎「ぞうれっしゃがやってきた」を歌い通す活動を通して，優しく他人を思いやる心を育てる

かく考える必要はないと思う。それよりは、「総合的な学習の時間のねらい」の方を十分意識してほしい。

今度は、評価の観点を見てみよう。書いてある文言は、この学校の三年生から六年生を対象に

全体を通して書かれた観点であるから、「自己表現力」「問題解決力」を三年生の観点に具体的に書き直す必要がある。

その前に、指導計画から、いったいこの学校の三年生は、どういった活動を想定しているのかを見てみよう。

●活動の想定

例えば、1章で紹介した『「ぞうれっしゃがやってきた」を心を込めて歌おう』の実践で、

○『ぞうれっしゃがやってきた』の楽曲に出会い、歌いたい曲から歌ってみようとする。
○自分らしい歌い方で、歌ってみたい楽曲を『ぞうれっしゃがやってきた』の中から探してみる。
○「象列車」の物語について、文献から詳しく探る。調べたことを教え合う。
○自分たちが実際に歌ってみて、歌いにくいところや、難しさを感じるところをＶＴＲから振り返り、課題点を探り、練習する。
○グループごとに、歌い方を見せ合いながら、互いの歌い方のよさを取り入れていく。
○楽曲による登場人物の配役を決め、決まらない配役はコンクールを開き決める。
○全体で歌ってみて、どこがどうよくなったのか、これからどういう歌い方をめざすかについて話し合う。

というような一学期の活動が想定できたとする。となると、三年生の「評価の観点」は、次のように具体性を帯びてくるはずだ。

《自己表現力》
・自分らしい歌い方で、のびのびと歌うことができる。
・「象列車」について、調べてわかったことを、皆の前でわかりやすく発表できる。
・感じた課題点をもとに、自分なりに歌い方の工夫ができる。
《問題解決力》
・グループでの話し合いにより、自分たちの歌い方の課題点を見つけ、解決策について積極的に話し合うことができる。
・VTRによる振り返りの活動から、自ら歌い方の課題点を見つけ、その解決の仕方について考えることができる。

というような、観点の内容を、学年の先生方と大方想定してみる。ただし、これは、一学期にめざす最終像であるので、絶対とはいえない。なぜなら、総合的な学習はエンドレスの部分があるので、想定していた以上の子どもの姿が見られることがよくあるからである。

観点というのは、あくまでも評価する際の目のつけどころである。それもないとしたら、いったい子どもの何を、どこを見ればよいのか、評価文として書き表す時、評価する教師の方が困ってしまう。だから、他の教科と同様に、「評価の観点」というのは、各学校でちゃんと決めておくべきなのだ。

見る視点も不明瞭で、活動の様子だけ書いたものを評価文とは言わない。例えば、こんな書き方は、良くない例の典型である。

> ×『ぞうれっしゃがやってきた』を友だちと楽しんで歌うことができました。
>
> ×『ぞうれっしゃがやってきた』の歌い方が難しいところを、自分なりに工夫して歌うことができました。

●評価文の実際

評価文というのは、一人ひとりのよさを見取り、具体性がないといけない。三五人いれば、三五通りの書き方があるはずだし、それを端的でわかりやすい表現で書くべきである。先生にとっては、何十人であっても、受け取る子どもは一人であり、特に通知表の場合は保護者の目にも入るわけだから、慎重を期したい。たかが評価文と、あなどることなかれ！　である。保護者は、評価文一つで、担任のわが子への誠意を推し量っている場合もある。

次のようなことに留意して書いてみてはいかがだろうか？

これを基本とし、
（具体的活動場面を書く）を通して、（どんな活動をする中で）（その子ならではのすばらしい点を書く）。
・『ぞうれっしゃがやってきた』の『どうぶつえんへ行こう』を歌う活動では、友だちの口のあけ方を取り入れ、強弱をつけながら元気よく歌うことができました。
・『サーカスのうた』で友だちのセリフを待って歌い始める部分を、グループの友だちと知恵を出し合い、工夫しながらタイミングよく歌い始められるようになりました。
——部分は、その子なりの問題解決場面として、
〰〰部分は、その子なりの表現場面を書いた。

この例文は、自己表現力、問題解決力の両側面から書いてみたのだが、それは、一人ひとりの子どもの活動や学習の様子を見て、柔軟に対応してよいと思う。

例えば、自己表現力の観点から見て、突出した様子が見えるのなら、そのことを中心に書いてもよいし、逆に問題解決力から見てすごい場面があったのなら、それを取り上げて書いてよいということである。

一番やってはいけないことは、観点と全く関係ないことを書くとか、活動の様態だけを書くといったことである。いくら美辞麗句をならべたてたところで、そのような文は評価文としては価

値がないということである。

●指導と評価の一体化

りっぱな全体計画・指導計画・評価計画ができた後で、もっと大切なことは、それを忠実に実行することではなく、日頃の評価活動をいかによい指導にむすびつけるかだ。

いちいち記録しなくても、受け持って一、二か月もすれば、クラスのほとんどの子どものもっている力、性格、友人関係等、把握できると思う。生活科や総合的な学習の時間の指導と評価の極意は、

いかに、活動意欲（やる気）を高めるか。

この一点にかかってくる気がしてならない。

一人ひとりの現時点での評価をしてみる→改善策を考えてみる→うまくいかなければいかないで、別の一手を考えて指導してみる

要するにこのサイクルの繰り返しなのだ。

他の教科なら間違っていれば否定もし、やり直しもさせなければならない。しかし、生活科や総合的な学習に限って言えば、よほどの活動の停滞を招きそうな、とっぴな活動をしていないかぎり、だいたい定めてある目標に向かって、そっと後押しをしてあげればいいのだ。

「ほら、ここ間違っているよ。さっきも同じところ間違っていたよ」「この漢字、横棒が一本足らないよ。これじゃ×だよ」などと否定的な評価をする必要などどこにもない。

「頑張ってるね」とほめた後、思い切って任せて見守るか、聞いてくれれば助言をするか、違った方向に行きかけていれば、「ここまではいいんだけどな。これから先はこうやった方が、もっとよくなると先生は思うんだけどな」程度のアドバイスをしておけばよい。

生活科・総合的な学習は、教師のこれまでの評価観を少し変えてみて、「この子のどういうところが不十分なのか」から、「任せてさせてみれば何かいいものを発揮するはずだ」というように変えていけば、自ずと指導の効果も上がるはずだ。私たち大人だって同じことだ。

上司や同僚から欠点ばかりを指摘され、けなされた時と、温かい目で見守られ、随所でほめられ、認められた時と、どっちが仕事の効果が上がるのか……ということである。

特に今はプロスポーツの世界でも同じことが言えるようだ。昔の鬼軍曹タイプの指導者は、もう通用しないという。選手の痛みに共感でき、冷静で的確な、指導と評価のできる人間、そして、勝敗の責任はすべて指導者にありという覚悟で臨める人間が、指導者としての脚光を浴びている。

私の大好きな、そして、テレビでしかお会いしたことはないが、尊敬している指導者に京都市立伏見工業高等学校ラグビー部総監督の山口良治先生という方がいらっしゃる。山口先生がおっしゃった言葉の中で、これぞ、生活科・総合的な学習の指導者のためにあると思える言葉を紹介する。肝に銘じておきたい。

「子どもたちは、元々伸びる力をもっているんです。素晴らしい大人との出会いで変わっていくんです。どんな子だって、いいところだけをそっと押してやるだけで、驚くような伸び方をするんです」

(3)　子どもが自主的に動く時

●いい授業とは?

あれは、「子どもが自ら考え動いた、いい授業だったのか」「それとも失敗だったのか」、いまだにわからない授業がある。参会者からは、ちゃんと決められた時間に本時の授業を見せるのがスジではないかというクレームがついた授業ではあったのだが……。

『お年寄りの知恵を借りて、楽しく竹の水鉄砲で遊ぼう』の授業である。この授業は、二日続けての公開研究会、計四時間の授業公開であった。1章でも紹介したが、ちょうど初日の二時間目の終わり頃、水鉄砲ゲームの仕方をめぐっての口論が始まり、子どもたちの興奮が頂点に達していた最中だった。

チャイムも鳴ったことだし、「この話は、また明日。話し合いがちゃんとついたら、また、楽しく水鉄砲大会をやろうね」……そう言って、その日は帰した。そして、私といえば、水鉄砲をめぐっての口論など想定していなかったから、もう一度指導案を書き直し、印刷を終え、次の日を迎えた。

●子どもがいない！

朝の会議と打ち合わせを終え、教室に行ってみて驚いた。子どもが一人もいないのである。机の上には、水着に着替えた後らしき形跡がある。「さては！　まさか？」と思い、水鉄砲大会会場である広場に走って行ってみた。

小プールに自分たちで水をはり、ポイまで一人二、三本用意して、楽しげに水鉄砲大会をやっているではないか。しかも、得点板まで自分たちで勝手に引っ張り出してきて、どのチームが勝ったから何点などとフェルトペンで書き込んでいる。冷や汗、脂汗タラリは、私自身である。やめさせようにも、参会者は、ぐるりと子どもたちの活動しているまわりを取り囲んでいる。

前日書き直した指導案も何もあったものではない。「えーい、ままよ！」と腹を据え、とにかく子どもの活動を注視し、言ってくる言葉に耳を傾けながら、授業を進めた、というより授業は進んだ。参会者が、指導案と授業の様子を見比べ、けげんそうな顔をしているのだけ見えた。指導案など、完全に私の頭から消し飛んでいた。

その日は、『竹馬ダンス』の学年発表、研究発表もあったので、さすがに心身共に疲れ果て、参会者から出たクレームにもあえて反論もしなかった。後で、怒るわけにもいかないので、勝手に始めたわけを子どもたちにそっと聞いてみた。

●子どもの論理

なんでも、次の日、話し合いから始めるなど、子どもたちにとってはまどろっこしかったらしい。だから、その日の放課後、飼育小屋の裏手のちょっと人目につかないところに集まって、話し合いの続きをしたと言う。

すぐ結論は出て、「とにかく、最初から座るのはルール違反で、それさえしなかったらルールは今までどおり。正々堂々と勝負をしよう」ということで、反論していたグループも納得したようだ。

それで、次の日は学校にだいたい何時頃来ようと皆で決め、サッサと先生抜きで水鉄砲大会を始めたというわけだ。子どもには子どもなりの理屈があるものだ。

それまで、個人研究等で、先輩から指摘されてきたことは、細かいことは数多くあるが、「渡邉さん、あなたの生活科は、いつもあなたが指示しないと子どもが動かないでしょ？　それで、本当に自立への基礎って養えるの？」ということが主だった。

そのくせ、黙って見守っていればいたで、「野放図な、やらせっぱなしの生活科」と酷評するのだ。附属小というところは、そうやって新人を鍛えるところだし、授業はそう思ったとおりいくものではないという難しさを教えてくれたところだ。
あの授業が良かったか、悪かったかということは、今になってしまえばどうでもいいことだ。ただし、これだけは自信をもって言えることは、二年生の幼な子が、確かにあの日は目を輝かせて自ら動いた。これ以上ないという満足な顔をした。生活科を始めて六年目にして、私が経験した、良くないところもあったけれど自分にとっては、価値ある授業の一つとなった。

やってみたいという本当に強い願いや思いがあり、活動に見通しがもてた時、子どもは自主的に動く。

そんなことを学んだ授業であった。

●工藤投手の指導

私の授業などと比較すること自体、失礼かとも思うが工藤公康さんという四八歳のプロ野球の現役投手がいる。西武ライオンズ、福岡ダイエーホークス、読売ジャイアンツ、横浜ベイスターズ、再び西武ライオンズと渡り歩き、いまだ現役である（平成二三年は充電中）。すでに通算勝ち星は二〇〇勝は超え、野球殿堂入りは間違いない。指導者としても、どの球団も喉から手が出るほどほしい存在であるはずだ。なのに、現役をやめない。
本当に野球が好きなのだと思う。そんなプロスポーツ選手は、他にも何人かいる。共通していることは、悲壮感のかけらもなく、皆、笑顔でそのスポーツに打ち込んでいるという点だ。

偶然見たテレビ番組で、その工藤氏が弱小少年野球チームを指導している場面を見た。弱小とは失礼かもしれないが、なにせチームも人数不足で三年生から六年生まで全員がレギュラー。ピッチャーは女子で、この子はしっかりした娘さんなのだが、なにせノーコンでストライクが入らない。

とにかく、公式戦・練習試合も含めて勝ち星が全くなく、いつも二ケタの得点差をつけられて負け続けるという、弱小の上に最がついてもおかしくないほどのチームだった。監督さんは、まじめで、野球をよく知っており、でたらめな指導をしているわけではない。バッティングの方は、元阪神タイガースの亀山努氏を呼んできてコーチしてもらい、なんとかサマになってきた。

しかし、問題はピッチャーの女の子である。性格も強気で、体もどちらかというと、男子より背も高く、投手向きのいい体つきである。運動神経も悪くはない、でもストライクが入らないのだ。

その子を工藤氏が実際に指導をする場面を見た。五分ほどその子が投球練習するのを見た工藤氏は、「全然問題ないじゃないですか。十分いけますよ」とニッコリ笑った。

その後は、その子の「投げる時の目線」と球をリリースする位置、振り上げた足を下ろす位置だけ指導をした。指導といっても言葉でグチャグチャ説明するわけではない。コーンとフラッグを置き、工藤氏がその子に教えたかった位置で投げざるをえないような状況を作った。

「いいね、ボールを投げる時は、このフラッグにさわらないように投げるんだよ」「踏み出した足は、このコーンの手前で止めるように投げてごらん」と優しく教えた。そして、投げさせてみて、「そう、今のでいいんだ」「いいねー。その調子」「いいよ。もっと思いきって、キャッチャーの顔の上ぐらいをねらってごらん」とほめ言葉しかかけない。しかも、指導そのものが端的で具体性があるのである。

指導時間は、わずか一五分間もあっただろうか。最後は、コーンやフラッグなしに、そのまま投げさせてみると、あれだけノーコンでストライクが入らなかった子がビシビシ、ストライクを入れられるようになった。

最後に、試合を前にしたその子としっかり握手をして、「できたじゃないか！　たいしたもんだよ。後はね、野球は一人でやるんじゃないんだから、バックの仲間を信じて、リラックスして投げるといいよ。いい？　がんばるのは今しかないんだからね」。そう言い残して去っていった。その後、その子も、そしてチームメイトも自主練習を繰り返し、励まし合い、次の試合には初勝利をあげた。

やる気や意欲をもたせ，何をめざしているのかを探る

↓

何ができないのかを評価し指導を考える

↓

ポイントをおさえた指導をし，方向性を具体的に示す

↓

認めて，ほめて，ますますやる気にさせる

工藤氏の指導ぶりを見ていて、こういった一連の流れがあるように感じた。私たち、教師も指導することで、子どもたち自身がやる気を出し、自主的に取り組むにはどうすればよいかということが、最大の課題である。

しかし、自分も実践をしていて、あるいは、工藤氏のような名指導者を見ていて感じることは、子どもははっきり方向性（行きつく先）が見え始めると、自主性をいかんなく発揮するのではないだろうかということだ。

それが偶発的に見え始める時と、教師の意図的な指導や臨機応変な対応で発揮し始める時があろう。「偶発的に……」もいたし方がないにしろ、工藤氏の場合はそうではなかった。

ピッチングというものがどういうものかというすべてが頭に入っているから、ひと目見た瞬間から、「この子は大丈夫ですよ」という言葉が言えたのであろう。そして、その瞬間から、今までの経験をもとに、この子に対する指導方法が浮かんだのではないだろうか。

まさにプロのなせる業である。私たちも、教育に関してプロとしてお金をもらっている以上、「偶発的に……」とか、「たまたま……」などという言葉は言うべきではなかろう。では、どうすべきか？

やはり、教師自身の意図的・計画的な指導、それしかないような気がするし、計画どおりいかなかった時の教師の適応能力（スペアとしての指導の技術をいくつもっているか）にかかってくるような気がする。

●私の試み

私が考えて、常に実践を試みていることを書き記しておきたい。

ア．最終像（めざす子ども像）を明確に描く。特に、生活科や総合的な学習は、個人あるいは、グループでの指導も考えて、想定する。

イ．そのための教材研究や教材開発をする。はっきり言ってしまえば、教材開発の方が大変だ。教材研究はすでにあるものを熟読し、試す程度ですむのだが、教材開発となると、まさに一から徹底してその教材について知り尽くさないといけない。しかし、知ろうとする中で、指導の道筋が見えてくる。

ウ．指導計画を大まかに立ててみる。細かく書かない。書くとそのとおりにしたくなるのが人情。Ａ４の用紙一枚ぐらいに大まかに鉛筆書きしておく。

エ．指導と評価を繰り返し、特に子どもが次はどうしたがっているかについては、丁寧に探っておく。
いちいち、紙に書かせる必要はない、子どもに聞いた方が早い。
オ．きっちり指導しなければならない時と思い切って子どもにまかせておくべき時とを区別する。
カ．指導がうまくいかなかった時のスペアを、考えつく限り用意しておく。

この程度だ。研究授業とか、公開研究会になれば、参会者のことを考えてもう少し詳しくは書くが、根本にあるのはこの流れだ。

人はよく、まず題材名を考えて、目標を考えて、指導計画を立てて、本時案を立てて……という順番をとる。逆ではないかと思う。最終地点、すなわち授業の出口と教材選択を明確にすることで、その前に何をしなければならないかが、はっきりしてくる。

目標など最後でよいのだ。生活科や総合的な学習の時間は特に、目標ありきの何を学んだかという質の教育ではないのだから。むしろ、そのプロセスの中で子どもは何を学ぼうとしていたかが、一番問われてくる。

●指導する人への見方の変化

それと、もう一つ。最近、他の先生方の授業を見る見方が変わってきた。以前は、人の授業を見ると、悪いところばかりが目についた。「これはあんまりではないか？」と思える授業にもずいぶん出会った。

そのたびに、理屈をこねては、徹底してそのまずさをつついたりしたこともある。おそらく、先輩教師から見れば、ずいぶんこざかしい若僧に映ったことだろう。

しかし、ここ数年、いろいろな公開研究会に参加したり、校内研究会での授業を見せていただく時に、事後研究会で黙って人の話に耳を傾けることが多くなった。事前に「おかしなところがあったら言ってください」とお願いされた時も、事後研究会の後、本人に直接、「あそこは、ちょっとおかしいと思うんだけど、僕ならこうするけどね」程度しか言わない。

歳をとってきたからでも、急に性格が温厚で謙虚になったのでもない。これでも三十代後半から四十代半ばぐらいまでは、「ハリセンボン」と言われるぐらい気性は激しかったのだ。

授業の怖さや奥深さがこの歳になってわかってきたことと、この章で述べてきたように、「子どもが自ら考え動く、あるいは動こうとする時はいったいどんな状況にある時なのか?」という問いがどうも頭から離れないからだ。どんな授業でも、必ずこの場面はある。特に生活科や総合的な学習を見ていると、絶対といっていいほどあるのだ。

○教材がいいからか
○指導と評価、すなわち教師の出番がよかったからか

○子どもが見通しをもてたからか
○単に偶発的なことなのか
○学級経営がよく、学級の子どもが育っているからか

事後研究会の最中は、自分でとった授業記録を丹念に振り返りながら、末席で大きな体を隠すように分析まがいのことをせっせとしているので、質問や意見など言う暇がないのだ。たまに、司会者が私のことを知っていて、逆に質問や意見はないのかとふってきたりもする。聞くことはただ一つ。「授業のあの場面で、子どもたちは確かに自ら動いた、学ぼうとしたと見たのですが、先生はなぜだとお考えですか？」と問うてみる。

すると、司会者も、授業者も、そして参会者も一瞬キョトンとした顔をして、こちらが、なるほどと思えるようなお答えはいただけない。指導主事からもである。

ＫＹ（空気が読めない）という俗語を最近よく耳にするが、私の質問がとんちんかんで、その場にそぐわないのか、司会者が言ってほしかったこととずれていたのか、それは定かではない。しかし、砂を噛むようなというか、生煮え状態のまま、公開研究会の会場をあとにすることが多くなった。

しかし、私の問いも、あながちとんちんかんとも言えないと思う。どの教科の研究会に行って

も、『子ども自ら……』とか『意欲をもって、主体的に……』などという研究テーマは、掲げられているではないか。

授業はやはり、自分が常に問いをもち、真摯に評価・点検しながら、私ならではの授業を創っていくしかないのではないか――最近そんなことも考えている。

4章

次世代を担う子どもたちのために

(1) 子どもたちは何を楽しみに学校へ通うか、保護者は何を期待しているか

●教え子の死

平成二二年二月と五月下旬、教え子の死と相次いで直面した。プライベートな問題でもあるので、あえて詳細は申し上げられないが、一人の子は、大学入学を楽しみにしていた一八歳にして、もう一人は小学六年生、わずか一一歳にしてである。

小六の子は、この年の三月まで理科を担当し、五年生として指導していた子どもだっただけに、訃報の知らせを聞いた時は、愕然とした。特に、この子は、ほんの数か月前まで、授業を通して週三時間は最低限、顔を合わせていただけに、その言葉、表情、仕草まではっきり目に焼きついている。

一人の子は、たった一八年間、もう一人は一一年間、早いといえばあまりにも早すぎる死である。その時、痛切に感じたことは、「私は、教師としていったい何をこの子たちにしてやれたんだろうか」ということである。自分ではいい授業をしたつもり、いい接し方をしたつもりでも、ひょっとすればこの子を傷つける一言を言ってしまったことはないだろうか、授業がわからなかったのに言い出せずにいたのではないだろうか？

くらしの一部を共にしている時は、何とも思わなかったことが、こういう状況になると後悔の念として襲ってくる。二九年間の教師生活での初体験であった。

学校生活は楽しかったのだろうか？　友だちとはいい思い出はつくれたのだろうか。生きていれば、今からもっと楽しいことがあったはずなのに……。親御さんの気持ちを考えると、私も二人の娘の父親であるがゆえに、胸がおしつぶされそうになった。

ところで、子どもたちは何を楽しみに学校に来ているのだろうか？　最近、学校評価が盛んになり、子どもたちへのアンケートが行われ、数値的にもその概要（学校が楽しいか否か、担任の授業はわかりやすいか否か、学校でいじめをうけたことがあるか否か　等）がつかめ始めてきた。しかし、あくまで数値上のこと、紙面に書かれたことであり、参考にはなるが、すべてを鵜呑みにするわけにはいかない。

●学校へ来る楽しみ

先ほどのアンケートの内容ではないが、「学校に来るのが楽しいか」という問いと、「何の教科が好きか」という問いは、別問題である。何を楽しみにして、時には嫌な思いもしながら学校に来るのかが問題なのである。

「体育が好き」と答えた子どもが多いから体育ばかりをやればいいというものでもなかろうし、「生活科や総合的な学習に力を入れれば、必ず学校好きの子どもが育ちますよ」とお薦めしているのでもない。

むしろ、公教育は《一定の日数と時間内で、各教科の枠組みまで決まっている》のが現状なのだから、教師としてしなければならないことは、そのバランスを崩さず、一つひとつをきっちりやっていくことだ。これが、当たり前のことのようで、実は難しいことの一つである。

そのバランスが大きく崩れた時、『学級崩壊』の要因の一つにもなろうし、保護者からの信頼も失いかねない。また、同僚との折り合いも悪くなる場合だってある。

国語や算数や、図工・体育・生活科・総合的な学習の時間・道徳等をきっちり決められた時間内で目標に向けた授業をしていく、そのバランスを崩してはいけないということである。

「そんなことを言ったって、こんなにたくさんきっちりはやれない」「研究授業や指定研究が入れば、どうしても一定の教科に比重がかかる」「学力テスト分析と対策に追われ、教科といえばどうしても国語や算数に重きを置きたくなる。宿題もそれ中心で、次の日はその採点に追いまわされる」「学校に行ったら椅子に座る暇もない。授業をして、給食を食べさせて、帰したら、雑務処理に終われ、教材研究やノート点検など休みの日に持ち帰ってするしかない」というのが、現実の学校現場の生の声であり、その事態に私自身も毎日直面している。

文部科学省は、①言語活動の充実、②理数教育の充実、③伝統・文化の重視、④道徳教育の充実、⑤体験活動の重視、⑥外国語活動の充実、⑦その他諸々の教育との関連性の明確化、に加え、

「食育」「コンピュータをはじめとするＩＴ教育の充実」「体力づくりの重視」等、改訂学習指導要領総則を読んだだけで、私でさえ、めまいを覚えそうな、《していかなければならないこと》の多さである。

「気概をもて」だの「やる気を出せ」だの「なせばなる」だの尻を叩かれたところで、多種類の豊富な料理を目の前に出され、「さていったい、どれから手をつけようか？」「食べきれるのだろうか？」という不安を感じている先生方も多数いることであろう。

●見る角度を変える

しかし、そこは見る角度を変えてみればよいと思う。横並びに真正面から見ると、たくさんあるように見える。しかし、これまでの学習指導要領の変遷を辿ってみたり、「子どもの何を育てるべきか」という視点に絞ってみれば、ここ二十年、一八〇度の転換をはかっているわけではない。

共通していることは、「心の教育の充実」「学習の基礎・基本の定着」「体力づくりの増進」この三つの上に立って、『生きる力』を育てなさい。そういっているだけである。

むろん、相手が人間であり、地域社会や保護者の考え方、子ども自身が生まれもつ資質・能力が違うわけだから、臨機応変な公共性が求められる。その時々で不足している部分や補足したい点について、文部科学省からコメントが急遽出されることもある。かつての『学びのすすめ』がそうであるし、外国語活動を入れた根拠、総合的な学習を時間削減した根拠、他の教科の時数を現存したり、増やしたりする根拠は明確に示されていると見ていい。

国語・算数に限定した学力向上策を練りなさいとか、外国語活動を通して英語が話せる子を育てなさいとか、オリンピック出場できるように小学生のうちから徹底した体力づくりをしなさいなどということは、一言も書かれていない。

むしろ、それらを報じるメディア、大学の高名な学者の論に、一喜一憂したり、ショックを受けたり、傾倒してしまったりしないことである。第三者経由で入ってきた情報ほど、無責任で誤っていることも少なくない。

例えば、『学びのすすめ』が出された前後ぐらいだったであろうか？ メディアがこんな誤報を大見出しをつけて紙面に出した。「総合的な学習の時間の消滅か！」「ゆとり教育から学力重視への転換」「ゆとり教育の代表である総合的な学習の時間や生活科はもういらない」「国の危機！分数のできない京大生」等々である。

新聞だけでなく、テレビ番組でもよくこのような内容が面白おかしく、教育と無関係な人間によって語られる場面が映し出された。学校現場を熟知しない、学習指導要領を曲解した人間が集まると、こういうばかばかしい論議や論法が平気でまかり通りそうになる怖さも逆に感じた。

それらが誤報そのものであったことを平成二〇年度改訂の新学習指導要領で示すと、今度は「学校現場にこれだけゆとりがなくていいのか」「大学を出て就職浪人の溢れるこの世の中で、果たして知識の詰め込みだけでいいのか」「子どもたちの心はどう育っているか。青少年の凶悪犯罪の増加」「不登校・フリーター・ニート問題」などという反論や、前回とは正反対の論法が次々と出される。

戦後教育界を支配した、第三者による二律背反的な論議の繰り返しが再燃しようとしている。私たち、学校現場を直接預かっている者が、うろたえず、ぶれないことが肝要だ。

物事に「絶対」はない。だから、文部科学省が告示する学習指導要領も絶対とは言えない。それこそ、今後不足や補足する部分があるのなら徐々に修正していけばいいだけの話だ。そして、私たちがしなければならないことは、それを粛々と学校現場での教育に反映していけば、それでいい。

実際の子どもたちの育ち（教育）の大半を担っているのは、教師であり、それを支える保護者であり、地域社会である。その根っこがしっかりしていれば、何がこようと怖いものはないはずだ。特に、教師はそういう自負だけはもつべきだと思うのだが、いかがであろうか？　それが、子どもが来たくなる学校を創る最大の要因である気がしてならない。

(2) 共存共栄

お互いにいいところを認め合い、切磋琢磨もし、共に高め合える子どもたち

「共存共栄」――古きよき言葉である。要するに、

《学級の中で先生や友だちと自由に何でも語り合えて、時には言い争いになっても、互いの考えの違いにしっかりと気づき、それでいて互いの違いをよいところとして、認め合い、学び合いながら集団として高まっていく》

そういう学級経営が理想であるし、私もめざしている一人である。

教科の学習にせよ、総合的な学習にせよ、道徳にせよ、育てる子ども像はこれに近いものをめざせばいいと思っている。人間相手だけに、そう思うようにいかない部分もあろうが……。

これまで述べてきたように、教科による特質の差こそあれ、

・意欲をもたせる（やってみたいと思わせる）【導入】
・試行錯誤をさせてみる（自分なりに考え、試させる）【展開①】
・課題意識をもたせ、探究活動や追究的な学習をさせる（的を絞る）【展開②】
・学習したという満足感をもたせるにはどうすべきかを考える（生活活用等）【終末】

大まかに言えば、こういう学習展開の仕方でやってきた。どういう子どもを育てたいのかという目標が明確であるかぎり、指導の根本にあるものに、そう大差があるわけではない。ただし、生活科や総合的な学習の場合、他の教科に比べ、やや自由度が高いということである。また、正答や到達度合いをさほど気にする必要はない、ということである。

国語や算数であれば、一定の到達線が引かれ、どの子どももそこまでは行き着くように、指導しなければならない。1＋1が3になったり、言葉の使い方を間違えたりしていれば、指摘し修正しなければならない。それは、これらの教科の特質であり、「何を学んだか」「何がわかったのか」ということが最終的には問われるのである。

しかし、生活科・総合的な学習の時間にはそれがない。学習対象へのアプローチの仕方はさまざまであり、その過程で一人ひとりの持ち味（個性）やアプローチの仕方がすべての子どもへの評価として認められなければならない。

教師は、「どの子にも、他の子にはない個性があり、何が育った、身についたというより、どう育とうとしているか」を一番優先して考えなければならない。

そういう視点で見てみると、作って遊ぶ活動で輝きを見せる子、植物を育てる活動で興味を示し、意欲的な姿勢を示す子、調べまとめる過程で他より突出した資質や能力を発揮できる子、他とほどよくかかわり、グループの仲間たちをまとめあげる力のある子等々、子どもが自分の個性を存分に発揮できる教科であり、時間である。

しかも、正答を突き詰める必要はなく、むしろ自分なりに探究（さぐりあてようと）した姿勢がよい評価を受け、それを自分らしく表現できることがよしとされ、それに加え、今までの固定観念を覆すような事実に向き合う楽しさもある。

つまり、問題や課題を追究する過程は、他の教科とそう差はないが、教材に質的なよささえあれば、その過程や子どもたちなりに結論をみちびき出そうとする中で、「もっと○○がしたい、◇◇をしなければ……」が生まれやすい教科であり、時間と言える。

子どもたちが学校でしたいことは何か？

よい姿勢を強要され、必要感を感じることもなく、覚えたり書いたり計算したりという学習ばかりであろうか。むろん、そういう部分が必要なこともあるにはあるが……。

生活科や総合的な学習では、教師の指導によって、自分の中で問い（「？」という思い）が生まれ、自分で確かめ、まとめ、自分であるいは友だちと知恵を出し合いながら、探究していける楽しさがある。しかも、教室から出ての体験活動が重視されている。子どもが嫌がる要素などどこにもないのである。

最初に述べた学級経営の理想の姿に最短距離で近づけるのが、生活科であり、総合的な学習であると言える。

(3)『不要論』こそ不要だ！

●生活科・総合的な学習の時間は不要か？

「『生活科・総合的な学習の時間不要論』が出された」という風潮があったということを書いたし、学力低下の要因の一つとして心ない報道や、それを声高に叫ぶ大学の先生の話も聞いたことがある。

私たち、生活科や総合的な学習の時間の発展のために尽力してきた人間にとっては、自分が頑張ってきたのだから、不要の理由を示せと言っているのではない。

不要だという根拠が明瞭でないと、言っているのだ。向ける槍の矛先が間違っていやしないかと思うのは、私だけだろうか？　生活科や総合的な学習の時間は、ほとんどの子どもが「学習をしていて楽しい」と言う。総合的な学習の時間に真摯に取り組んでいる学校は、学力も軒並み向上している。

保護者の学校への期待というアンケートでは、「学力を向上させてほしい」というのは、どの学校でもほんの数パーセントに過ぎず、「友だちとなかよく楽しんで」「友だちに思いやりをもって、迷惑をかけない」「たくましく自立心旺盛な子に」等々の言葉しか見当たらない。

保護者は子どもの心身の成長を学校教育に期待しているのだ。だから、不要を唱えるなら、数値的に目に見える形で、私たちを納得させる精緻なデータを出して唱えるべきだ。

歴史の浅さという不安定感はあるにせよ、それは、どの教科、領域にも過去にはあって、同じ道を通ってきたのではないのか?

「分数ができない京大生」とか、「大学入学者の質が年々落ちてきているから、中・高の教育を見直せ!」などと言う識者や、それに賛同する人々に言いたいことがある。

分数がわかっていないような学生を合格させてしまった大学の入試問題の質や入試体制をまず見直すべきではないか?

それに加えて、分数がわかっていないのなら、その場で教えればすむことであるし、大学にはたくさんの学部・学科・専攻枠があるのだから、理数に向いていないと判断したのなら、どこか別な道を勧めてみるなどという選択肢はおもちではないのだろうか。

それに加え、大学生とはいえ、自分の教え子の不足の部分のみを取り上げ、しかも著書や新聞紙上で世間に公表し、それ以前の教育のまずさのみを取り上げ、持論である学力低下論を展開しようする方々の神経が教師として理解できない。

非難を受けた学生は、仮に卒業したとして、その大学を卒業したことを誇りに思い、わが国を背負う、いい大人として成長するだろうか？

最近ＯＡ入試などという試みを行う国立大学も増えてきた。一芸に秀でた人間を育てようというもくろみである。

人間は、社会に出てからが勝負だ。学校教育は、大学も含め、一人ひとりの個性を見い出し、伸ばすことが今まで以上に求められている。

●自分と重ねてみる

私たちの世代は、日本の高度成長期が、ちょうど小学校高学年から中学・高校時代とかぶさってきた。連合赤軍による浅間山荘事件（昭和四七年）などがあったのが、ちょうど私が中学二年生の時である。

一人ひとりを測るものさしは、テストによる輪切りでしかなかった。六八点とった子どもと、七〇点とった子どもの違いなどどうでもよかった。七〇点とった子の方が上なのである。

テストの成績は、名前と共に順位をつけ、全員の前で紙一枚で張り出され、序列化された。偏差値などというものが出始めた頃である。それでも、社会全体や親に「がんばる」という姿勢があったから、現在のような凄惨で、目を覆いたくなるような青少年の問題はまだなかった。

ところが、私が教職につこうとしたあたりから、学校が荒れ始めた。校内暴力、器物損壊、対教師暴力が平気でまかりとおるようになった。両親を金属バットで撲殺した二十歳の若者まで現れた。中には、生徒の暴力から我が身を守るため反対に生徒をナイフで刺す教師まで現れた。テストで点数がとれない子どもたちの反乱である。

学校サイドは、やっきになって「管理」に走った。徹底的な拘束を始めたのである。すると、児童生徒たちの心のベクトルは、内側を向き始める。

家庭内暴力・いじめ・不登校・ひきこもりがその典型で、かつて集団で爆発させていた負のエネルギーは、個によるものへと変化している。ネットによるいじめ、神戸や長崎の児童による児童の殺傷事件。この紙面では、書ききれない、あるいは書くのもはばかられるような青少年の問題行動が表面化してきた。その中から、打ち出されてきた『ゆとりの教育』ではなかったか。

●未来を担う子どもたちのために

だから、生活科や総合的な学習をやりましょうよと言っているのではない。たかだか、一教科や一領域で学校や子どもが抱える問題が解決するなどと、だいそれたことは考えていない。現在の子どもたちが抱える問題は、学校教育のみで解決できるような簡単な問題ではない。

学校、家庭、地域社会というトライアングルが正三角形でしっかりしているところと、いびつな形に変形しようとしているところがあることも事実だ。そのいびつな部分はどこなのかと、限定することは不可能であろう。

今だからこそ、学校教育は、特に公教育を担う私たちは、せめてバランスのいい教育をやっていきましょう、学習・心・体という三角形のバランスが壊れないようにしましょう、という提言である。

その中で、生活科や総合的な学習のよさばかりを抽出して紹介してきたが、不足の部分があるのもよくわかっているつもりである。しかし、子どもたちを育てるにあたって、これだけダイヤモンドがちりばめられた教科や時間はないと思っている。

どうか、そのよさを後世に、これからの教育界を担う先生方に理解していただきたい……その一心で書いた。

私の考え違いや、思い込みが強すぎ言いすぎた点があるのなら、どうかご指摘をいただきたいし、ご指導願えれば幸いに思う。

解　説

有田　和正

一．渡邉実践には「公式」がある

一読して感じたことは、実に素直に自分の考えを述べているということであった。実践例を飾ることなくありのままを述べている。そして、その底に太く強く流れているのは、「子どもを愛してやまない心」と「生活科・総合的な学習を心から愛している」ということである。この二つのことが、所々に強く出たり引っ込んだりして変化に富んでいる。

よく読むと、提示されている実践に「公式」のような確固たる信念が見える。これは渡邉先生の個性かもしれないが、何度も読んでいるうちに見えてきたのである。公式のように感じたことを図にしてみると、次のページのようになる。

導入という言葉は使っていないが、いきなり体験活動に入るような無理なことはしていない。ちゃんと手だてを踏んでいる。

活動を始める時、何かを見せたり、聞かせたり、調べさせたり、考えさせたり、食べさせたりして、「……してみたい」という強い学習意欲を引き出している。

強い意欲が出たところで「体験活動」をさせている。それも多様な体験活動である。自然体験、

生活科・総合的な学習の授業

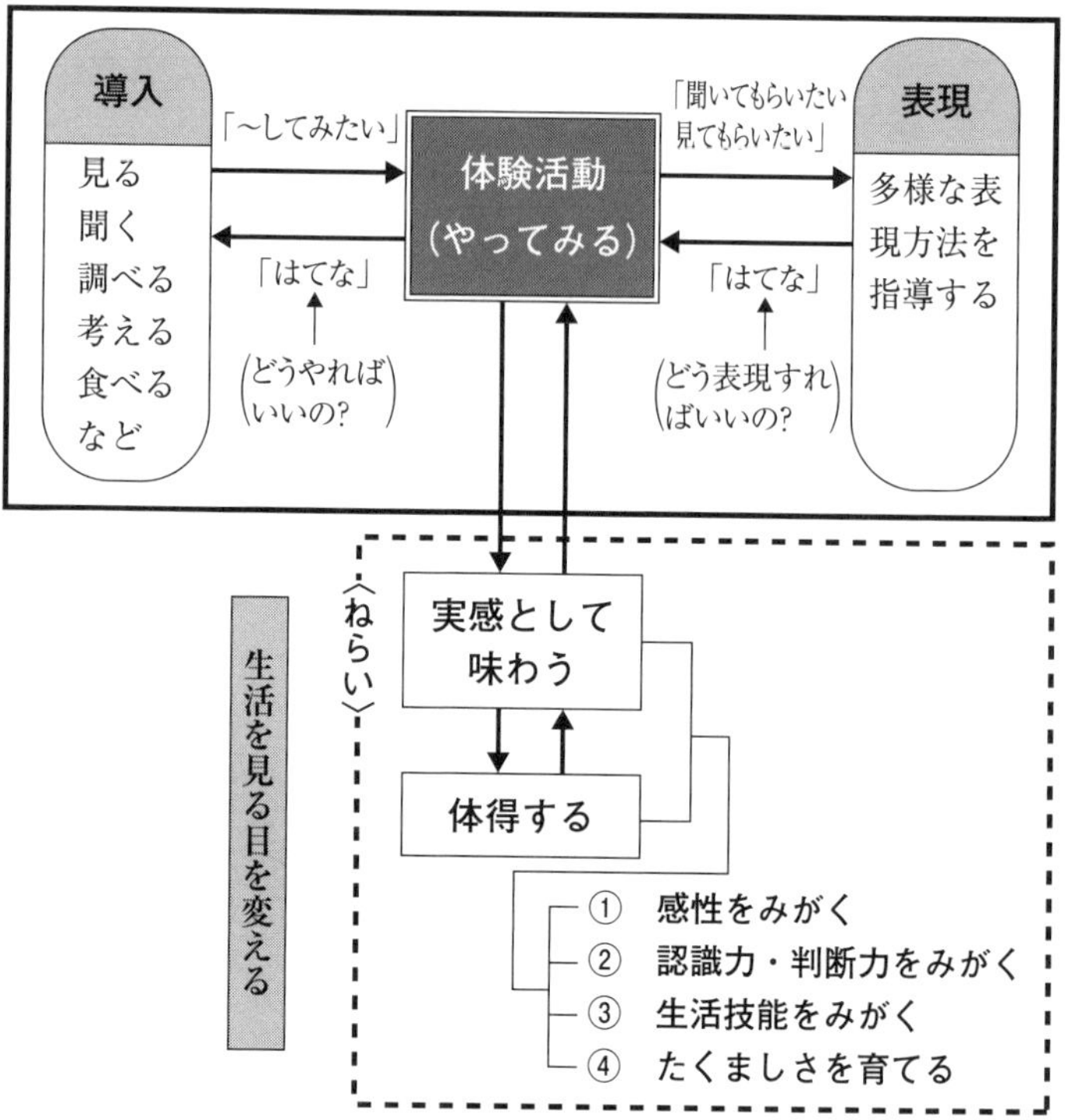

社会体験、勤労体験、原体験などである。

体験活動をやろうとしたら、どうやればよいかわからない。わかったつもりがわかっていないことに気づき、フィードバックして調べ直したりして、再び体験活動をやってみる。

体験活動をしているうちに何らかの成果が出てくる。作品ができたりする。すると「見てもらいたい」「聞いてもらいたい」という意欲がわき、「表現」に力を入れることになる。この「表現」も本書の中で多様なものが示されている。「表現」しようとしたら、どう表現したらよいかわからない時がある。そんな時、もう一度体験活動をやり直してみる。

大ざっぱに言って、これが生活科・総合的な学習の公式と私はとらえたのである。この授業の底には教師の「ねらい」がある。これが前ページの図の下の段に書いていることである。「体験活動」を通して「実感として味わう」ようにさせ、究極的には「体得する」ところまでもっていく。頭でわかるのではない。このとき、①～④のことを具体的にねらう。こうした実践を通して、一人ひとりの子どもの「生活を見る目を変える」のである。自分の生活を通して、他人の生活の変化が見えるようにするのである。

「個性的なものを作らせたい」と言いながら、材料も、作る物も、作り方も同じことをさせていることが多い。これはおかしいと渡邉先生は指摘している。

作るものがおおよそ決まったら、材料も個人で工夫させるべきだし、作り方も工夫させることが大切だ。立派なものを作るのが目的ではない。そのプロセスで子どもを育てることが大切だと繰返し述べている。

表現でも、地図、紙芝居、パノラマ、クイズ、すごろく、劇化、音楽化、実物提示、写真、絵画、録音、ごっこ、作文、新聞、飼育栽培等々、多様な表現活動がなされている。これらが読み取れるだろうか。

二、生活科・総合的な学習は面白い

本書は4章まであるが、1章が中心である。

ここでは、生活科の学習の面白さが、手をかえ品をかえて述べられていて、「本当にそんなに面白いのか」と考えているうちに引き込まれていく。

今や生活科や総合的な学習の時間の実践への熱気がやや冷めてきている教師が多い中、「これをつぶしたら」あるいは「これをおろそかにしたら」日本の教育はつぶれるとまでいっている。つまり、日本の子どもに生気がなくなるというのである。子どもに生気の乏しい国は危ないといわれる。このことを渡邉先生は心配しているのである。

長い教師生活で多くの子どもに出会ったはずである。その渡邉先生が、弁当屋の子どもに驚いている。学校では絶対に見られない子どもの姿である。すごい子どもである。

ここで考えるのは、「どんな子どもを生活科で育てたらよいか」ということである。生活環境によって子どもの育ちは大きく異なる。この異なった性格・個性をつぶさないように、その子らしく育てるのは容易なことではない。

多くの学校は、子どもを一定のワクにはめようとしているように見える。だから、子どもが反乱を起こし、学級崩壊などを起こしてしまう。「小一プロブレム」などは、この顕著な例である。自由な生活をしてきた一年生を、いきなり席につかせるのは無理なことである。もう少し時間をかけ、自然な指導をといっている。

アサガオの種はいつまくのか。少し面白くするなら、グループごとに少しずつずらして植えてみる。植えたら「何日で芽が出るか」といった「予想」を立てることだ。今の生活科・総合的な学習の時間が面白くない最大の理由は、「予想」がないことである。小学校三年生以上の理科・社会科などに発展させるには、予想を立てるくせをつけることだ。

そして、観察するにはそのポイントを指導することだ。指導された子どもは、「ひげの先はネバネバして毛が生えている」ことを発見する。アサガオに支柱を立てる時、竹の棒に油などをつけてツルツルにして立ててみる。「すべって登らない」「いや、どんな支柱でも登るはずだ」といった予想を立てて観察させる。大きな木の根元に鉢を持っていって、「この大きな木に登るか」といった実験も面白い。

渡邉先生は、教師は「動物博士」「植物博士」になれといっている。東京都の多摩動物園のNさんは、国語の教科書を全部読み、約三分の一の教材が野生動物について書かれたものであることを発見した。中でも説明文の半数以上は動物教材だとわかり、先生方に動物園に勉強にくるように言っている。これではまるで逆ではないか。生活科の教師は、国語の教材も研究する必要がである。

子どもが育てたヒマワリが折れるハプニングが起こっている。こんな時、どんな指導をするか。ここに教師の腕のよしあしが表れる。ハプニングは必ず起こる。それをどうするか考えておくことだ。

「困ったらゲストティーチャーを呼ぼう」というのはあまりに安易すぎるのではないか。ゲストティーチャーを簡単に呼ぶべきではないと渡邉先生はいう。教師がもっと勉強しろということである。

研究発表会などでは、必ずといってよいほどゲストティーチャーが登場する。これは教師の逃げである。もっと自分で責任をもってやるべきだ。私もそう思う。

生活科や総合的な学習は、地域に密着してやらないと生きたものにはならない。このため、教師には「三惚れ」が必要だ。「子どもに惚れる」「学校に惚れる」「地域に惚れる」ということである。

渡邉先生は、大分市から別府市へ転勤になった。そこでも成果をあげているのは、「三惚れ」があるからだ。「東京が駄目なら大阪があるさ」というような考えでは、永久に惚れるものに出会うことはない。

三、面白い生活科・総合的な学習を創るには

授業を面白くする第一は、子どもの「……してみたい」という意欲を大切にすることだ。前にも書いたが、例えばアサガオを上手に育てることがねらいではない。子どもに面白い実験をさせ、予想を立てさせることだ。「どうなるのか？」と自ら観察せざるを得ないようにさせることである。

ヘチマの本葉と巻きひげ

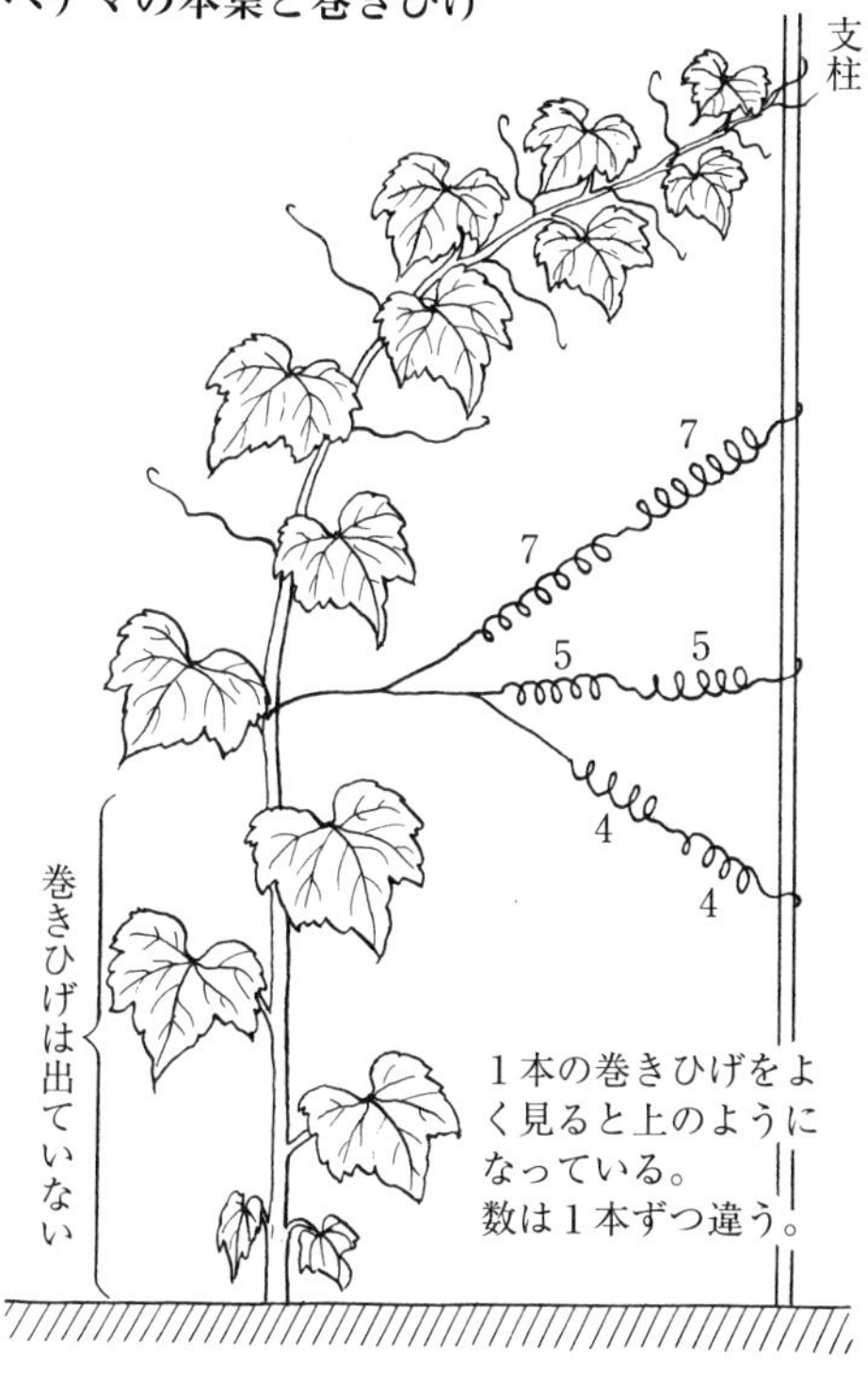
支柱
7
7
5
5
4
4
巻きひげは出ていない
1本の巻きひげをよく見ると上のようになっている。
数は1本ずつ違う。

私の子どもが「ヘチマの公式」を考えた。それは、ヘチマの本葉や巻きひげの数を数えているうちに、「本葉の数－巻きひげの数＝3」という公式である。巻きひげは本葉の数より三つ少ないのである。私も驚いた。

さらに、一本の巻きひげから二本の巻きひげが枝分かれして支柱に巻きついて

いることを発見した。一つの巻きひげは、右巻きと左巻きが必ずあり、巻き数は同じことも発見。台風などに強いはずである。子どもたちは興奮した。

ちょっと横道にそれたが、忘れられない面白い実験例である。

一年生にとっては「生活そのものが探検」であるという考えは面白い。一年生は常に新しいものを見つけようとしている。

大事なことは、子どもが見つけたことを、教師が驚きをもって聞いてやることである。そうすれば、発見する子が育ち、話す子が育ち、書く子が育つのである。

渡邉先生も、一年生の子どもから「わたなべ先生のせいかつかがだいきらい」と黒板に書かれたという。こんな子どもを「アウトロー」と呼び、こんな子どもこそ教師に本当の生活科のあり方を教えてくれるという。つまり、「子どもに学ぶ教師」になれということである。

子どもに学ぶには「柔軟性、臨機応変」「ねらいを動かす」ことだ。学習というのは、新しい自分と出会うためにやるものである。

渡邉先生は言う。「指導案通りにいかない時の方が面白い」と。授業の醍醐味は、教師の予測を超えた動きや発言があり、思いもしない展開になることである。普通の教師が嫌がることだけど、これが本物の授業なのである。

公開研究会の時、渡邉先生が教室に行ったら子どもがいなかった。あわててどこへ行ったか考え、活動の場所である広場へ走った。ああ、いたいた。もう自分たちで生活科の活動を勝手にやっているのだった。指導案も何もあったものではない。

しかし、何という意欲的な子どもたちだろう。先生がいなくても自分たちの意思で活動ができる子どもが育っていたのである。

私は、ここに一番感動した。私も三四年間、小学校教師をしたが、子どもから完全に逃げられたことはなかった。ただ、二日分の指導案を一日目にやってしまい、二日目は指導案なしのぶっつけ本番の授業をやったことが、公開研究会で一度だけあった。印象に残る授業であった。

面白い授業にする最大の条件は、子どもが本当にやりたいことに火をつける教材を準備することである。これがなかなかむずかしいことである。

四．家庭訪問も教材研究の場

読者は「自分の宝・財産になる授業」を創りたいと思わないだろうか。すでに持っている方もおられるだろう。

宝になる、あるいは財産になる授業を創り出すには、「一つの専門」をつくることである。意欲的に実践をし、研究的にやってみることである。研究授業など手をあげて積極的に行うことである。そして、可能な限り本をたくさん読むことだ。

そうすれば、生活科なら生活科が強くなる。国語ならA先生、社会ならB先生、算数ならC先生、理科ならD先生というように、専門の先生が生まれる。こうなると、校内が面白くなる。たずねやすくなり、他の教科も自然に強くなる。すると授業も面白くなる。

私は、筑波大学附属小学校にいるとき、「自分にしかできない授業を創り出したい」「自分独特の教材開発をしたい」と考えた。しかし、これでは研究の名に値しないのではないかと気づいた。研究は何のためにするのか。それは多くの人に役立つことを創造することであるはずだ。

附属小学校の教官には、公開研究会の時、①手の内をすべて公開する、②かんじんなところは公開しない、という二つのタイプがある。

私は①の立場に立ち、すべて手の内を公開してきた。だから、次の公開研究会のために新しい内容を創らなくてはならない。それで勉強せざるを得なくなった。そのように自分を追い込んだのである。渡邉先生も①の立場に立っていることがよくわかる。これは経験した者しかわからないかもしれない。

とにかく勉強せざるを得ない状況に自分を追い込んでいき、専門性を高めていくのである。

渡邉先生は、家庭訪問の途中あちこち見て、わからないことを訪問先の保護者にたずねる。話のきっかけもでき、保護者も知っていることを熱心に話してくれ、人間関係もよくなる。保護者がわからなければ、誰に聞いたらよいか教えてくれる。つまり、家庭訪問さえ教材研究の場にしているのである。心掛けが違う。

五．楽しい生活科・総合的な学習への挑戦

生活科の学習は、学級経営がものをいう。子ども同士「助け合い、みがき合い、けん制し合い」が自然にできるクラスづくりをしていないと、楽しい生活科授業はできない。

他の教科でもいえることだが、特に生活科や総合的な学習の時間は協同で活動することが多い。だから、クラスの人間関係がうまくいかないと授業にならない。逆に、生活科や総合的な学習の時間を通してクラスづくりができるのである。また、各教科の学習をしっかりしないと生活科や総合的な学習はできない。全部つながっているのである。

生活科・総合的な学習の時間は、教師の個性がもろに出る。他の教科以上に出やすい。子どもが自由にのびのびとアイディアを出し、材料や作り方を工夫するのを支援する教師と、一つの決まったものを形どおり作らせようとする教師がいる。子どもが望んでいるのはどちらの教師であるかわかるはずである。

新採の教師が、生活科の指導について「大丈夫ですよ。学年会がいつも木曜にあって、そこで生活科はこうするというマニュアルを先輩が教えてくれるし、方法は学年で統一しているから別に困ることはありません」と答えたという。

こういうことをやるから新採の教師が妙に自信をもち、自分で工夫しようとしないのだ。新採の教師が自信をもてるはずがない。もしもっていたら、「何もわかっていない」という証拠である。

私など五〇歳になってもどうしたらよいかわからず、悩みに悩んでいた。授業が楽しくなったのは五二歳になった頃からであった。自信過剰で手がつけられないのは、三六～三九歳の頃で、「他人に学ぶことなど何もない」と公言してはばからない。少しできるようになると自信をもち、校長のいうことさえ聞かない教師がいるという。これが四〇歳になると少し成長してくるから不思議である。

「『生活科・総合的な学習の時間不要論』こそ不要だ！」という。次世代を担う子どもにとって何が必要で、何が不要なのか。不要論の根拠を明確に示せと渡邉先生はいう。

子どもたちは生活科・総合的な学習の時間は楽しいといっている。学校が荒れるのは、学校が楽しくないからだ。学校が楽しければわざわざ早起きして学校にやってくる。

子どもに「学ぶ楽しさ」を教え、「学ぶことは人生で一番最高の贅沢な遊びである」と思うようにすることこそ、小学校教育の義務である。

生活科・総合的な学習の時間は学力がつかないという人がいる。その学力とは何か。

楽しい生活科・総合的な学習の時間をやり、子どもが生き生きと学校に来るようにしようではないか。これが本書の一番言いたいことである。

【著者】

渡邉　　彰（わたなべ あきら）

1959年，大分県生まれ。帝京大学文学部教育学科卒業。大分県の公立小学校，大分大学教育福祉科学部附属小学校を経て，現在，大分市立鶴崎小学校教諭。

【解説者】

有田和正（ありた かずまさ）

1935年，福岡県生まれ。玉川大学文学部教育学科卒業。福岡県の公立小学校，福岡教育大学附属小倉小学校，筑波大学附属小学校を経て，愛知教育大学教授。1999年3月，愛知教育大学定年退官。現在，教材・授業開発研究所代表。東北福祉大学子ども科学部特任教授。社会科・生活科教科書著者（教育出版）。

生活科・総合的な学習の時間で
子どもはこんなに変わる
――「思考力・判断力・表現力」「問題に適応する力」が身に付く教育実践――

2011年5月16日　第1刷発行

著　者　渡邉　彰
発行者　小林一光
発行所　教育出版株式会社
〒101-0051　東京都千代田区神田神保町2-10
電話 03-3238-6965　振替 00190-1-107340

印刷　神谷印刷
製本　上島製本

ISBN 978-4-316-80332-6 C3037